ファシズムとは何か

ファシズムとは何か

ケヴィン・パスモア
福井憲彦 訳

岩波書店

Fascism: A Very Short Introduction
Second Edition

by Kevin Passmore

Originally published 2014 by Oxford University Press, Oxford.

This Japanese edition published 2016
by Iwanami Shoten, Publishers, Tokyo
by arrangement with Oxford University Press, Oxford.

第二版への序言

本書の第一版が刊行された二〇〇二年以来、方法における二つの転換がこの研究分野を変容させてきた。第一版刊行当時の目標は、ファシズムの鍵となる特徴を縮約するような定義(「モデル」ないしは「類型」)を生み出すことであった。その定義こそが、通常は「同一物」の国別の変形版として想定されるファシズムのさまざまな運動を、明確にとらえることを可能にするはずだ、と考えられていたのである。しかし今では、なにか一つの定義への合意が可能であったとしても、研究者たちはファシズムの定義の有用性について疑問に思っている。かわりに要請されているのは、ファシズムという言葉が、実際に過去の人びとによっていかに、なぜ、そしてどのような目的のために用いられていたのか、という点を探究することである。また、経済や思想のきわめて高い流動性や活発な人の移動を考えると、個別の国の事例に分割して世界をとらえうるのだということにも、疑義が生じている。ファシズムは今や「トランスナショナル」な現象として研究されつつあり、そのリーダーたちがいかに国境を越えてファシズムを伝えていったのか、と問うようになっている。

本書第一版は、ファシズムをめぐるさまざまな定義の欠陥に関する私の偏った認識を反映したものであったが、しかし結局のところ、それらの問題点を引き合いに出したのは、私自身の定義を引き出すためであった。したがって、この新版では、章構成やいくつかの部分が変わっていないとしても、議論や内容の多くは完全に新たなものとなっている。

第一版同様に、本書も尨大な研究蓄積を総合したものであり、私が依拠した研究の著者たちすべてに感謝の意を尽くすことは、やはり困難である。第一版で、その仕事に特別の謝意を記させていただいた研究者たちのなかでも、マイケル・バーリとヴォルフガング・ヴィッパーマンの仕事については今回も特記させていただく。またこの新たな版は、とりわけフランスの政治学者ミシェル・ドブリの考え方から強い影響を受けている。ドブリは、ファシズムに関する概念やカテゴリーの理解や用法を是正するのに、大きな役割を果たしたからである。

私の考えは、早朝にコーヒーを飲みながらヒュー・カムストンと行った議論で研ぎすますことができた。また、原稿全体を読んでくれたガーシン・ウォーカー、鋭い論評をしてくれた匿名の読者たち、そして温かく励ましてくれた編集者エマ・マーにも、謝意を表さなければならない。

慣用にしたがって、イタリアの運動と体制をさすにあたってはFを大文字でファシズムとし〔訳では「イタリア・ファシズム」とする〕、より全般的な概念としては小文字のfを用いたファシズムとして区別した〔訳ではただ「ファシズム」とする〕。

目次

文中の〔　〕は訳者による注記である。

ファシズムは得体の知れない顔つきをしている。というのも、そのなかには、両極に位置するような内容が見てとれるからだ。それは、権威主義を打ち出しながら、叛乱をくわだてる。現代の民主主義に反対する闘争を起こしながら、他方では、過去のいかなる支配の復権にも信をおかない。みずから強力な国家を鍛え上げようとしているかにみえるが、しかしながら、あたかもみずからが破壊分子か秘密結社でもあるかのように、国家の解体を最も促しかねない手段を用いている。ファシズムにどういう面からアプローチしても、ファシズムはあるものであると同時にその反対物でもあるのだ。それはAであるとともにAではない……

ホセ・オルテガ・イ・ガセト「ファシズムについて」一九二七年

第1章 「AであるとともにAではない」

――ファシズムとはなにか

一九一九年三月二三日

イタリアはミラーノの、それまでは一一世紀建立の教会でのみ名が知られていたサン・セポルクロ広場を見下ろす広間でのミーティングに、わずか数十人の男たちと一握りの女たちが集まっていた。ベニート・ムッソリーニが、「ファッシ・ディ・コンバッティメント(戦闘ファッシ)」をともに創設しようではないかと、参加者たちに呼びかけたものであった。「ファッシ(fasci)」という名を用いた、小さな、数々ある復員兵士グループの一つである。彼らには、イデオロギーの創出などは念頭になく、まして理論的な定義には関心などもなかった。

当時三五歳であったムッソリーニは、元社会主義者であり、戦争からの復員兵士であった。小さな町の鍛冶屋の息子であったが、少し前から彼は、より上流なイメージを磨きはじめ、髭を剃り落とし、襟のついたシャツを身につけるようになっていた。しかしながら彼の唯一のはっきりした収入源は、財政難にあえぐ新聞『イル・ポーポロ・ディターリア（イタリア人民）』紙の一編集者としてのもので、それで妻と三人の子供、愛人を養い、さらにフェンシング、果たし合い、高速のスポーツカーといった趣味を満たすには、不十分であった。この、すでに政治で食べていた男は、政治と関わることで豪奢に生きる好みを身につけつつあった。

しかし運悪くムッソリーニは、一九一九年には政治の世界で明確な地位を占めてはいなかった。すでに彼は、第一次大戦へのイタリアの参戦に社会党が反対したことを理由に離党しており、参戦支持派の運動においてはサンディカリスト（革命的労働組合派）、ナショナリスト、そして政権にあった自由主義派（現代の基準でいえば保守派）の一部と行動をともにしていた。しかしこの参戦支持派には、戦争の問題を別にすれば共通点はほとんどなかった。ある人びとは、参戦は革命を誘発するための手段だと見なしていたが、しかしどのような革命かは不明確であった。別の人たちは、戦争がブルジョワ階層を再活性化させると考え、あるいは、戦争は現体制への民衆支持を与えることになろう、と主張していた。なかには、単に議会で競争相手を出し抜くことを狙うものもいた。

戦争の間、ムッソリーニの愛国的な新聞報道は、彼が労働者に影響力を持つと見なされていただけに、政府にとって有用なものであった。すでに彼は社会主義者からは切れてしまっていたのだが、まだ社会主義者たちへの自分の訴求力が回復できると、諦めていなかった。他方で、革命を起こそうという彼の呼びかけは、右翼の支持を失わせることとなり、また、詩人のガブリエーレ・ダンヌンツィオのような、彼よりもずっと権威のある参戦支持派の指導者たちと、競い合う事態に直面していた。ムッソリーニと彼の仲間たちには、戦時中の精神を永続化すると同時に、復員兵士であるという立場を活用することが、明らかに有利であった。

「ファッシ」という言葉は、彼らが必要としていた広く訴えかける力を潜在的に持つものであった。それは文字通りにはきつく結ばれた棒の束(束桿《そっかん》)を意味し、時には斧の柄に束ねて用いられたものを指している。この言葉の最初の政治的利用は、一八九〇年代シチリア農民社会主義者たちによるもので、それによってこの言葉には民衆的な急進主義の雰囲気が与えられることになり、それが参戦支持派のなかの旧左翼にぴったりくるところとなった。束桿は、古代ローマにおいては権威の象徴でもあったので、同時にまた自由主義派やナショナリストにも訴えかけるものであった。一九一九年までには、参戦支持派が「ファッシ」というラベルの使用を独占するようになっていた。

サン・セポルクロ広場での演説においてムッソリーニは、綱領を定めるようなことは避けた。彼は、ナショナリスト労働組合組織の綱領を、その固有のポイントについては同意しないまま是認したにすぎなかった。つまるところ彼は、この地区のある雇用者組織から貸してもらった部屋で集会をしたにすぎなかったのである。「一九一九年綱領」として知られるようになったものは、この数週後に書き上げられた。そこでは、ナショナリズムと共和主義、反教権主義、女性投票権、そして社会改良とが結びつけられたが、それらの多くは、イタリア・ファシストによってじきに放棄されるであろう。イタリア・ファシストは教義やイデオロギーを拒絶したのである。

二年も経たないうちにイタリア・ファシズムは大衆運動となったが、しかしファシズムの意味が明瞭にされることはなかった。その擬似軍隊的な組織は、社会主義者やカトリック組織、スラヴ系の少数民族を攻撃したが、他方では資本主義を断罪してもいた。ムッソリーニは、首都ローマの政治腐敗を激しく非難したが、それでも既存の政治家たちとおおいに取引きし、そのおかげで、一九二二年一〇月三一日には、ファシスト・自由主義派連合政権の首相に就任したのである。

一九二六年、ムッソリーニは全面的な独裁体制をうち立てはじめた。彼が綱領的な声明を出す一方、ジョヴァンニ・ジェンティーレのような知識人たちが、イタリア・ファシストとしての理念を体系化していった。体制である以上、現実的な政策が実行された。イタリア・ファシズムには、たしかにイデオロギーが欠けていたわけではなかったが、しかしその性格は不確実なままであった。その体制は時とともに変化し、しかもその活動家たちは、社会における女性や労働組合の役割について、さらには党と国家の関係について、そして国民文学の特質についても、議論に合意することはなかった。

ファシズムの意味の不確実さは、しかし、イタリア外においてそれが賞賛を得ることを妨げなかった。ファシズムは、二〇世紀における大きな政治運動の一つとなっていき、一九三〇年代までには、ファシズムと反ファシズムとの闘争は国内政治・国際政治双方の第一の争点として、多くの人によって認識されるようになる。すでに一九二五年には、いくつもの国において少なくとも四五の集団がみずからを「ファシスト」と呼んでいたが、それは、イタリアの体制が影響力を広げようと努めた結果、促されたものであった。

ただしそれらの運動は、単なるコピーではなかった。それらは、イタリアの本家と同様に、まったく同質どころではなく、しかも、イタリアでみられるもののある側面を強調し、他の側面は無視するか誤解していた。それらはまた、イタリアのものを他の外国からの影響やみずからの伝統とも合体させていた。さらに、われわれの目からみればイタリア・ファシズムと同様ともみえるいくつかの運動は、みずからファシズムのラベルを拒否していた。

ドイツにおけるナチズムの台頭が、事態をさらにいっそう複雑にした。ヒトラーは、イタリア・ファシズムに対する多くの熱心な支持者の一人であったが、ナチズムの支持者たちも敵対者たちも、しばしばナチを「ファシスト」として言及していた。ナチズムもまたイタリア・ファシズム同様に、定義するのが困難であったが、しかしそれは急進的な反ユダヤ主義のような、イタリア・ファシズムではあまり強烈な特徴をなしていたわけではない要素をはらんでいた。ヒトラーの成功は、ムッソリーニの国際的な評判にいくぶんか翳りを与えるところとなった。すなわち、今度はイタリア・ファシズムの方が、ナチズムから多くの借り入れをしはじめ、諸外国の運動もまた多くが反ユダヤ主義と「国民社会主義(ナショナル・ソーシャリズム)」を強く主張して、ナチズムの方に忠誠を移すようになったのである。

一九四五年以後になってファシズムは信任を失ったが、しかしファシズムの遺産は政治の風景を構造化し続けた。ロシア、イギリス、北アメリカの諸政府は、ファシズム打倒におけるみずからの役割からその正統性を引き出し、他方、フランス、イタリア、ドイツの諸体制は、レジスタンス運動からの系譜を主張した。「ファシズム」は悪を示す言葉となった。驚くべきことではないが、ファシズムを真似た人びとは、めったに政治的に意味ある存在とはならなかった。一九九〇年代には、敵対者たちの多くからファシズムの現代版だと見なされた運動がいくつか生じたが、しかし問題となった集団は、ほぼつねにそのレッテルを拒否した。

ファシズムに関する定義と理論

スキンヘッドの連中と知識人とを同時にひきつけるイデオロギーを、われわれはどのように理解することができるであろうか。それは、革命を説く一方で保守派と同盟する。男らしさをよしとするマッチョなスタイルを取りながら、多くの女たちをひきつける。伝統への回帰を呼びかけながら、しかし科学技術に魅了されている。人民を理想化しながら、大衆社会をさげすむ。そして、暴力と秩序とをいずれも主張する。ファシズムは、オルテガ・イ・ガセトがいったように、いつでも「Aであるとともに Aではない」のだ。

表1

A	B
超国家主義 (ウルトラナショナリズム)	超越性への抵抗 (エルンスト・ノルテ)
カリスマ的指導力	
独　裁	独占資本主義の最も反動的分子による独裁(コミンテルン)
人種差別主義	
反ユダヤ主義	
一党制	ポピュリスト的超国家主義を神話的な中核思想としてもっているような政治イデオロギー (ロジャー・グリフィン)
擬似軍隊的志向	
現実，脅し双方の暴力	
協調的組合主義(コーポラティズム)	
全体主義的イデオロギー	
反資本主義	一種の政治宗教 (エミーリオ・ジェンティーレ)
反社会主義・反共産主義	
反自由主義	
反議会主義	
反立憲主義	

このような問題を理解するこれまでのやり方は、正確な定義(しばしば「モデル」とか「類型」と呼ばれるもの)をうち立てることであった。そのような正確な定義が、ファシズムの最も肝要な特徴をとらえ、運動の当人たちがファシストというラベルを使おうが使うまいが、ある運動がファシズムであるかないかを明確にすることができる、と考えられた。しかしファシズムの特徴を列挙したリストは、嘘のように単純である(表1参照)。

表1のA列にあるのは、学者による定義に頻繁に登場し、ファシスト当事者によっても認められてきたような用語である。一見すると、これ

らにはまったく議論の余地がないようにみえ、これらの三つかそれ以上を唱える者は誰でも「ファシストの傾向」があるものとして非難されうるかのようである。しかしながら、真剣に検討してみると問題点がみえてくる。ある運動が、これらの特徴のすべてを示すものであれば、ファシズムだということになるのか。あるいは、特徴のいくつかを示せば、そうなのか。「いくつか」だということであれば、では、どの特徴なのか。

定義を構成する個別の部分についても、また問題をはらんでいる。たとえば、みずからファシストを名乗る者たちは、必ずしもそのままナショナリストとは限らない。むしろ彼らは、国民の一部をなしていた人びとを多く排除し、投獄し、あるいは殺害しようとした。ムッソリーニはしばしば国際的な「普遍的ファシズム」を主張し、他方、ドイツ占領下のヨーロッパでその協力者たちは、ドイツ支配の新秩序内部に位置を占めようと望んだ。アルザスでは、ナチの同調者たちは、ナショナリズムよりも地域主義を唱えた。

ファシストがすべて独裁と一党支配を望んでいたことは明白だ、と思うかもしれないが、しかし、イタリアのファシズム体制においてもナチの体制においても、国家と党との関係には多くの摩擦が存在しており、イタリアのサンディカリストのなかには小さな国家を望む者もいた。協調的組合主義(コーポラティズム)のように、ファシストたちがなにか合意できる点があった場合でも、どこまでを含むのかといった点での合意は成立しなかった。そして、反ユダヤ主義という点では、イタリア・ファシズムとナチズムとの間には明白な違いが存在している。

こうした相違点があるがゆえに、ファシズムは、それがなにと敵対していたのか、という点で定義した方が良いという人たちもいる。しかしながらファシストは、すべて共産主義と敵対していたわけではなく、また、同じ理由から敵対していたわけでもなかった。しかもファシストたちは敵対すると同時に、共産主義から学び取ったり、その方法を活用しようとしたりもしていた。

別の議論によれば、しかるべき定義ができれば、単にファシズムの特徴を列挙するより以上のことが可能となるだろう、という。それによれば、ファシズムの原因や動力をより良く説明できるような、より本質的な側面があるのではないか、ということになる。それが右のB列に並べた定義である。ファシストたちは決して使わなかった、そしておそらくは怒って否定したであろう、学問的な定義である。それらの定義が意味するところについては、今は脇に置いておこう。ただ、ファシズムの研究者とほとんど同じ数だけファシズムの定義がある、そして、それらのいずれが正しいかについての合意はない、という点だけを指摘しておこう。私見によれば、定義からアプローチするのは、そもそもそれ自体に欠陥を内在させているのである。

この章のこのあとは、これまでファシズムが定義されてきたいくつかの主要な考え方について、再検討しておきたい。それにはまた多くの手段があり得るので、ここでは単純化して進めよう。いくつかの理論を、それがファシズムの保守的な側面を本質的とみているか、それとも急進的な側面を本質的とみているかによって、区分しよう。なぜかといえば、ファシズムをめぐる議論はファシズムそのものが存在した時代の対立を引き継いでいる面がある、ということが、それによって示されるからである。

戦間期に左翼は、反動的ファシズムとその保守的な同盟者たちに対する進歩的「反ファシズム」闘争を展開しているのだ、と自任していた。他方で中道右派や中間派は、ほんとうの対立は左右双方の革命的・全体主義的過激派と民主主義派との間にある、としていた。こうした対立を引き継ぐことが学者にとって望ましくないのは、現実の用法においてファシズムの概念は不確実で反対も受けているのに、しかし政治的な利害関係からファシズムの概念がより厳格化されてしまう、という点である。

こうした厳格化から引き起こされかねないことは、学者が自分自身の定義を絶対的な定義と見誤る、ということである。実際には後段でみるように、それぞれの理論はなにかを語ってくれている一方で、しかしどれも、ファシズムを理解する唯一の方法などではない。現にどの定義も恣意的に、ファシズムのある側面を最重要として他の側面を二次的と見なしているにすぎない。私としては本章の結論部分で、もう一つ別のアプローチを提起したいと考えている。

マルクス主義に基づくアプローチ

最も単純化していうと、マルクス主義は近代社会を、次のような本質的な二階級の対立によって分断されたものと見なす。すなわち、一方の、生産手段(道具や工場)を所有しているブルジョワジーないし資本家階級と、他方の、生産手段を持たず、したがって賃労働をせざるをえない労働者階級ないしプロレタリアートである。資本家とプロレタリアは、生産手段の所有と国家の統御をめぐって闘争する。この二大階級の間にプチ・ブルジョワジーが存在し、そこには自営商人や小規模自営業、農民、そしてホワイトカラー労働者が含まれる。プチ・ブルジョワジーは資本と労働のどちらの側につくのか、曖昧である。というのも、自分自身で生産財を所有しているが、また大企業によって脅かされてもいるからである。

ファシズムへのマルクス主義に基づくアプローチは、いずれも、ファシズムと資本主義およびプチ・ブルジョワジーとの結びつきを強く認めるものである。影響力を持った最初の定義は、一九三五年のコミンテルン〔第七回大会〕によるもので、「権力を取ったファシズムは、金融資本の最も反動的で最も排外主義的で、また最も帝国主義的な部分による公然たる、恐怖政治的な、独裁である」というものであった〔いわゆるディミトロフ・テーゼ〕。コミンテルンの主張によれば、プロレタリアートの革命的意識が高まっているがゆえに、資本家たちはみずからの所有を守るために恐怖政治を用いようとしている。しかしながら、資本主義の危機は深刻極まりないとされる以上、通常の独裁では不十分であり、資本家たちは社会主義を潰すためにファシズム運動を利用した。

コミンテルンによれば、この大衆運動はプチ・ブルジョワジーから人員を集めていた。プチ・ブルジョワジーは大資本に対しては激しい不満を抱いていたが、ファシストは、社会主義から自分たちの所有を守ることこそが利益につながるのだとして、プチ・ブルジョワジーを説得できた。しかし、ひとたびファシズムが権力の座につき、労働運動が破壊されると、資本家たちはもはやプチブル的なファシスト党を必要としなくなり、そうしてファシスト党は抑制されるか周辺に追いやられるのである。

このようなコミンテルンによる定義を、マルクス主義者たちがすべて支持したわけではなかった。はじめ一九六〇年代と七〇年代に示されたのは、プチ・ブルジョワジーはコミンテルンが想定したよりもっと独立的な役割を果たしたのであり、ある程度は資本主義的な利益に反する姿勢もとったのだ、という考え方であった。続いて、より最近になって、何人かの歴史家たちが「統治編制(ガヴァメンタリティ)」という概念を採り入れるところとなった。

フランスの偉大な哲学者にして歴史家、ミシェル・フーコーによって展開されたこの統治編制〔gouvernementalité〕という概念は、近代的政府がみずから望むようなタイプの市民を生み出すその方式をとらえようとするもので、それは、学校や労働の場、病院や福祉システム、法廷などで展開される「統治技法」を通して現実化されるものとされた。二〇世紀初めにおいて問題とされていた計画は、たいていが優生学的なもので、弱者を監禁・排除し、また帝国を拡張することによって、「人種」を質的にも量的にも改良していこうと設計されていた。こうした計画が、従順で効率的な労働者と、将来の労働者の母親を用意することになったのだ、という点を強調することによって、マルクス主義者たち(あるいは元マルクス主義者たち)は、自分たちの議論の中核部分を放棄することなく、新たな研究を開発することができた。

マルクス主義的なアプローチの強みは、ファシズムを二〇世紀初めの社会的闘争と関連づけてとらえ、ファシズムを抽象的な理念としてよりも社会的行動のなかで理解している、という点にある。それは、ファシズムと資本主義との関係を明るみに出し、ファシストの革命的な言説が、実際においてはより保守的なものを意味していた可能性を示している。それがイタリアのポー川の谷あいの農民たちであれ、ドイツのラインラントの職人たちであれ、社会諸集団をファシズムにひきつけた多様な物質的動機についても、マルクス主義者たちは明らかにしている。

ファシストが左翼を破壊したことを多くの資本家が喜んだ、という点で、マルクス主義者たちの指摘は正しい。しかしながら、ファシズムは資本主義の利益に奉仕した、ということになると、そうはいかない。なぜなら資本主義の力は強力であり、現実に資本主義を破壊しない限りいかなる体制下でも、それは繁栄しうるからである。さらにいえば、資本主義と市場とが近代社会のあらゆる側面、たとえば家族、消費、スポーツなども左右するのだ、という点では否定の余地はないかもしれないが、家族や消費やスポーツが、資本家がみずからの利益を考える方法に影響を与えうるということも、また同様に事実である。実際に資本家たちは、みずからの利益がいかなるものなのかという点で、しばしば一致をみない。したがって、われわれは、なぜファシズムを役に立つと考える資本家と、そうは考えない資本家とがいるのかを、説明しなければならないのである。

また、資本主義の力は、それがファシズムの「究極的な」説明になるということを意味しない。しかし、そうしようとするマルクス主義者たちは、ファシズムの多くの側面を格下げして二次的な意味しかないものとせざるをえない。たとえば彼らは、ファシズムの急進的な側面を軽視せざるをえない。マルクス主義者にとっては、社会主義こそが唯一の真正な急進主義だからである。その結果彼らは、既存の行政エリートや主流派政治家たちへのファシズム運動の急進的な反対を、ただ「修辞的」なものにすぎないと過小評価してしまう。彼らは、その効力を見誤る。そして、実業界の願望が党の他の目標と衝突するような場合には、ファシストはそうした願望は無視する強い意志を持っていた点を、とらえそこなうのである。

ファシズムは資本主義に奉仕するものだ、という点を証明する必要から、またマルクス主義者たちは、ファシストによる領土拡張や人種差別をファシズムの二次的な特徴だとする見方に陥っている。何人かのマルクス主義者はこれらの衝撃的行為を、プチブル層のファシズム支持者たちが自分たちの抱える問題について、資本家を非難せずに民族的少数派《エスニック・マイノリティ》を非難するように確実に仕向ける、狡猾な策略だと見なす。あるいは単に、資本主義の罪悪の技術的な最新版だ(「ハイランド強制立ち退き(Highland Clearance)」〔一八—一九世紀、スコットランドのハイランド地方で起きた住民の強制移住〕の現代版だ)と見なす。

われわれは、ファシストが労働者の階級的忠誠心を切り崩すために人種差別を用いた、というマルクス主義者のもっともらしい主張は認めるとしても、さらに論点を進めて、資本主義の防衛という目的がドイツにおいては精神障害者を殺害し、イタリアの南チロル地方では氏名をイタリア化するということを必要としたのかという点〔一八二頁参照〕を、たとえば議論する必要があろう。おそらくファシステムたちは、資本主義の(と想定される)論理とは関係ない理由から、そうした目標を追求したのではなかったか。

ヴェーバー的なアプローチ

次に考察すべき理論は、しばしば「ヴェーバー的」として知られるものである。マックス・ヴェーバー(一八六四―一九二〇)の折衷的社会学に一直線にルーツを持つわけではないにしても、そしてまたファシズムについてのヴェーバー的な解釈とマルクス主義的な解釈とは、いくつかの共通基盤を持っているわけだが、しかしながら「ヴェーバー的」という表現は、慣例的にもなされているものであろう。

マルクス主義者たちが、ファシズムの責任は資本家たちにあるとするのに対して、ヴェーバー的な論者は、前工業的な、ないしは封建的な、支配階層の責任を問う。すなわち、ドイツ東部やイタリアのポー川流域の大土地所有者たち、南スペインの大土地所有者たち、あるいは日本の軍部の集団である。彼らが論じるには、これらの国々では本来のブルジョワ的で自由民主的な革命を経験しなかったがゆえに、古い保守的なエリートたちが社会において過大な役割を果たしていたのであった。これらの「伝統的エリートたち」は、みずからの反動的な価値を広めるために教育と徴兵を用いた。そしてまた、みずからのエリートとしての地位を保全するために、それまでになかったような、のるかそるかの手段に依拠したのであった。

一九世紀末以降、自由民主主義と社会主義とを潰すために彼らは、大衆的なナショナリズム運動を支援した。ドイツやイタリアのエリートたちは、それぞれ自国を大戦に引きずり込んだが、それは、愛国的な情熱が彼らに国内の敵を粉砕することを可能にするだろう、と望んでのことであった。それが失敗したとき、彼らは生き残りをかけた最後の必死の試みのなかで、ファシズムに目を向けた。ファシズムとは、前工業的なエリートとプチ・ブルジョワジーや農民とが一点にまとまることから結果した、なにより反近代的な運動であった。プチ・ブルジョワジーや農民は「近代化」によって同じように傷を受けやすく、したがって、旧来のエリートによる伝統的なプロパガンダに対しては、それを受け容れやすかったのである。

ヴェーバー的な論者は、同じく次のように論じている。すなわち、社会の変化がとりわけ急激で、伝統的な方式が「近代化」や戦争、あるいは経済危機によって侵食されている時代には、住民の大多数はファシズムからの攻勢に陥落しがちとなる。旧来の事物の処理の仕方が崩されるので、伝統に信を置いてきた人びとは方向を見失うようになる(専門的な表現をすれば、彼らは「アノミー(無規制状態)」に苦しむ)。そこで、失われた確実性を取り戻してくれるというファシストに、彼らはひきつけられる。近代化の犠牲者たちに対して、ファシズムは、世界における彼らの位置についての全面的な説明を与えてくれる。すなわち、変化の原因を説明し、(たとえば外国人とかユダヤ人とかといった)変化をもたらした責任者を明らかにし、全体主義と適合するような前近代的ユートピア復活への青写真を用意してくれる。おおまかなところ、ファシズムとは「超越性への抵抗」だとするエルンスト・ノルテの主張(前出表1参照)の基礎となっているのが、こうした考え方であった。

ヴェーバー的なアプローチの強みは、資本家たちと並んで上流の大土地所有者たちが、ムッソリーニやヒトラーの政権獲得に直接的な責任があった、ということを示した点にある。ただし、ファシズムは近代的と見なされるような特徴をも多く持っていたがゆえに、それをもっぱら「反近代」と見なすのは完全に説得的というわけではない。たしかに、ファシズムは近代的な手段を用いて伝統的な目的を達成しようとしたのだとして、ヴェーバー的なアプローチを擁護する学者もいる。だが「近代」とはなにかといった議論になると、誰がほんとうにファシストであったのかという議論が不毛であるのと同様に、学者はすぐにでも泥沼にはまることになろう。

もう一つの難点は、ヴェーバー的なアプローチもまた、エリートが自分たち以外の住民を、とくにプチ・ブルジョワジーを思うように操ることができる、というマルクス主義者の推論と同じ観点に立っている点である。マルクス主義同様、ヴェーバー的な理解もまた、ファシズムの急進的な特徴については、ほんとうのところとらえそこなっている。マルクス主義の場合よりも、ファシストのイデオロギーに多くの注意を払ってはいるが、しかしファシストの思想は、全体性やユートピアへの画一的な欲望一般の表出と見なされてしまっている。この点で、次にみるファシズム理論の弱点とも同様である。

全体主義・政治宗教・統治編制論

「全体主義」という用語は、イタリア・ファシストによって創り出されたものであった〔totalitarismo〕。それは、イタリアの大衆を「国民化する」ための推力を一つにまとめるためであり、すなわち、イタリアにとって必要なことに奉仕する階層的で軍隊的な共同体に、大衆を動員して組み込むためであった。学問的な概念としては、この用語は一九五〇年代と六〇年代に好んで使用された。当時、非マルクス主義的な社会科学者たちが、共産主義とファシズムを結びつけ、それによって共産主義を非難するための用語として用いたのである。

アメリカの政治学者C・J・フリードリヒが、全体主義を次のように定義したことはよく知られている。

(一) 単一大衆政党が一人物の指導下に置かれ、体制の中核を形成し、典型的には政府の官僚機構より上位に立つか、あるいは官僚機構と相互に乗り入れる。

(二) 体制にとっての現実の敵や想定上の敵に対して行使される、警察および秘密警察による恐怖支配のシステム。

(三) マスメディアの独占的統制。

(四) 中央による経済統制。
(五) 武器のほぼ独占状態。
(六) 人間存在の全側面に対応する、強力な千年王国的「救済的《メシア》ないし宗教的」契機をはらむ精巧なイデオロギー。

はじめのうち研究者たちは、(一)から(四)までに焦点を合わせていた。それらは、支配の構造と党・国家関係に関わることである。(五)は、銃器統制を全体主義的と見なす場合にのみ意味を持つにすぎないから、ここでは採り上げないでもよいだろう。

(六)はもっと重大である。というのも、全体主義理論家たちの議論によれば、急激な変化と危機が人びとに世界の意味を新たにつかみなおそうとさせる時代において、ファシズムは、ユートピア的イデオロギーにしたがって社会の革命的再構築を巻き起こそうとした。しかしユートピア至上の考え方は、つねに恐怖政治を引き起こす。現実の民衆は完全になどなれるわけはないから、結局はユートピア内での役割を引き受ける以外なくなるというのである。

一九七〇年代になると、全体主義という概念は用いられなくなった。冷戦が雪解けとなり、実は「トップダウン」の全体主義的統制どころか、ナチの体制もイタリア・ファシズム(そして共産主義)の体制も混乱に満ちていたことが、研究によって明らかにされたからである。しかしながら一九八九年になると、共産主義の崩壊がふたたび全体主義理論を活性化させることになった。スターリニズムの恐怖をファシズムと同一視することが、今一度、有効となったからであった。

他方、欧米の大学におけるポストモダニズムの興隆は、全体主義理論に対する学者たちの関心を再活性化させた。というのも、ポストモダンの立場に立つ者からみると、宗教、階級、ネイション、人種のいずれに基づくにせよ、すべてを包含しようとする思考体系は、いかなるものであれ本来的に抑圧的であらざるをえない、と理解される。このような見方は、ファシズムが絶対的な原理に基づいて理想世界を創出しようとした、という全体主義理論の見解と相似している。ファシズムの研究者たちがポストモダンの立場に賛同することはまずないが、しかし彼らは、マルクス主義やヴェーバー的な社会構造への関心から離れて、今度は思想研究への転回に加わったのであった。

全体主義理論に立つ者たちは、初期の見解への批判に応答して、全体主義というのはあくまで願望であって、現実にはその理想が成し遂げられたわけではない、と論じた。したがって、ファシズム体制にみられた混乱という現実は、全体主義的な意図ともまったく適合的だというのである。しかしながら、そこには、よく見られる想定が見出せる。すなわち、急速な変化が伝統的世界を解体させ、新たな統合的イデオロギーへの欲求を創出し、それを提供したのがファシストであった、というのである。印象的なメタファーを用いてマイケル・バーリは、技師が橋を再建するようにナチはドイツ社会の再建を追求したのだ、と示唆した。交通を妨げることになるので、彼らは橋そのものを解体することはできず、そのかわり、乗客も気づかないうちに、橋の各部分を取り替えていったのだ、と。

刷新された全体主義理論には、三点の主要な要素がある。ロジャー・グリフィンがみるには、ファシズムとは、危機と衰退と見なされた時期を乗り越えて、国民の再興を果たそうとする「ポピュリスト的超国家主義」の一形態である。彼はファシズムの特徴を表すのに、ヴィクトリア時代のものである「パリンジェネティック(palingenetic)」という言葉を用いている。すなわち、「灰の中からの再生」という意味である。国民再生が未完に終わるならば、結局は革命につながるであろう。この点でファシズムは、近代化を推進するユートピア的イデオロギーを通して、伝統の破壊に対する代償を提供しているというのである。

これと補い合うような、全体主義理論の第二の解釈は、政治宗教論である。エミーリオ・ジェンティーレにとって、ファシズムの統合的なイデオロギーは、世俗宗教へとつながるものであった。彼が論じるには、近代化は伝統的な宗教の破壊を引き起こしたが、だからといって、大衆の信じたいという欲望を失わせたわけではなかった。ファシズムは、党と国家と指導者の神聖化を通じて、彼らの必要を満たすのである。この政治宗教は、みずからの儀礼と聖なるテクストと、そして高位の司祭たちとを備えて、「新たなファシズム的人間像」の創出をねらう。すなわち、自分の家族のためでもなく、また資本主義のためでもなく、もっぱらファシズムのために生きる人間である。したがってファシズムとは、革命的なものである。

全体主義理論からのアプローチは、また、他のさまざまなポストモダンの動きとも結びつけられてきた。たとえば、先に述べた「統治編制」という概念がそうである。近代的な政府によって発展させられた統治の技法は、この論の主張によればきわめて大きな広がりを持つものであるがゆえに、家族や社会、さらには個人の身体的な行動に至るまでのあらゆる側面に入り込んでいった。人びとがまさに経済的成功や教育、健康などを望むがゆえに、逆説的にも、人びとはまさに自分たちを抑圧するものを欲しがり、知らぬうちにみずからの抑圧に加担してしまった。ファシズムは、さまざまな敵の破壊によって可能とされた統治編制の強化としてとらえられなければならない、ということになる。

こうした理論の長所は、ファシストの考え方や計画を真面目に検討している、という点である。ファシズムにはイデオロギーなどありはしないといった、かつて学者たちが発言したようなことは、もはやいえない(たとえそのイデオロギーが、全体主義の理論家たちが認めるよりもさらに矛盾に満ちたものであったとしても)。また、ファシズムが、たいしたものではないにしても革命的な計画を伴っていた可能性についても、われわれは同意できるだろう。あるいはファシズムは、宗教的な原理主義とも共通するようななにかを持っていた。さらにファシズムは、みずからの目的を暴力によって追求したが、その暴力は、敵対者たちは悪魔の陰謀の一員なのだという確信によって正当化されていた、といった点についてもそうである。フーコーの思想は、ファシズムにおいて医師やその他の専門家たち、そして学者たちが果たしていた役割について、実に多くの研究を刺戟してくれたのであった。

以上のようなさまざまな理論において大きな問題となるのは、分節化されない究極的には受け身の大衆が前提とされてしまっており、彼らが、儀礼を通じて繰り返し理想を訴えかけられ、さまざまな統治の技法によってファシズムに統合されてしまう存在にすぎない、と見なされている点である。全体主義理論では、なぜ人びとがファシズム運動に加わったのか、という点が十分に説明できていない。アノミーや大衆の信心願望に関する全般的議論に自己限定することで、この理論は、ある集団がなぜ他の集団よりもファシズムに合流したのか、といった理由については説明できないのである。

いずれにせよ、第一次大戦のような大変動が方向喪失や孤立を必ずや導くに違いないとは、誰も断言できない。むしろ反対に、大戦はまた愛国的な結社への加入が急増するという現象を引き起こし、そうした結社からイタリアのファシスト集団が生まれてきたのである。危機への反応は多様であった。それは、人びとの教育程度や社会的・宗教的な立場、あるいは年齢やジェンダーによってさまざまに異なっていた。ファシズムの起源は、特定の集団群の特定の状況のなかに探らなければならないであろう。救世主的なイデオロギーを持った人びとが権力を取ったのであれば、われわれは、彼らがなぜ、なにを計画していたのかを問い、また、ファシズムとは宗教なのだと彼らが主張したのか否か、したのであればいつのことか、と問わなければならないのである。

もう一つの問題は、全体主義理論がファシズムの革命的な側面を過度に強調しすぎている、という点である。実際それは、マルクス主義者がファシストの保守主義を誇張したことの裏返し、鏡像のようなものである。全体主義体制は、新しい社会を創造するための動きのなかで、他の連帯のあり方をすべて破壊することを狙うと、この理論は考える。

しかし現実には、それを実行することはもちろん、そのような夢想が抱かれることもありえない。なぜなら、それには、土台無理な客観的認識が必要だからである。ファシストのリーダーたちは、基本的な問題で分裂していた。さらには、偏見であるとか、承認もされていない前提が、彼らのユートピア観や、ユートピアの達成に至る道筋の展望に、影響を与えていたのであった。結果として、大企業や家族というものは(ある限度内であれば)、国民動員に関する彼らの理解と、多かれ少なかれ適合的であった。しかし共産主義やフェミニズムとなると、そうではなかった。

全体主義というのは次のような限定をつけた場合にのみ、有用な概念である。それが、受容された理念によって形成される一つの世界観を押し付けようとする衝動を必然的に伴う、という点を忘れないようにすること。また、ファシストたちは全体主義的な計画を、多様なやり方で解釈していた点も忘れないようにすること、である。つまりわれわれは、ファシストのユートピアが、現在あるような社会とは完全に切れている、とは考えないことだ。実際、多くの人たちにとってのファシズムの魅力は、そこにこそあるのである。

上述したバーリによる橋の修復のたとえは、普通の人たちが、ファシズムこそは、自分たちが普通に生活しているうちに国民国家の修復をしてくれるであろう、と信じていたことを示唆してくれる点で、有用である。ファシストたちが、実質的に変えてしまうような青写真に基づいて橋を建て直そうとしていたと見なす限り、それは適切ではない。技師たちは、どのような橋であるべきかで論争していたのではなく、どこで着手し、どこで終了させるべきかについて論争していたのであった。

彼らの計画は莫大な資源を必要としていたし、橋の基礎部分までも揺るがすもので、鉄道の車両を脱線させる恐れもあった。しかし多くの乗客は喜んで手を貸し、技師たちをほめたたえたのである。さらには、乗客も技師たちも一致して、他の乗客たちがひそかに橋を爆破しようとたくらんでいる、と考えていた。そして、ますます揺れが激しくなっている橋を列車が通過する際に、荒くれ者たちが、正規の料金を払っている乗客たちを下の峡谷に投げ落としていた。乗り合わせている他の旅行者たちは、この殺人鬼たちが着ている制服はもしかしたら正規の車掌たちのものではないのではないか、といぶかしんでいながら、事態を見て見ぬふりをしていたのである。

革命と反動の総合としてのファシズム

本書の第一版において私は、間違った想定に基づいたファシズムの定義を示唆してしまっていた。すなわち、マルクス主義やヴェーバー的な解釈、全体主義理論の、それぞれの長所を組み合わせることによって、ファシズムのより良い定義が得られるであろう、としてしまっていたのである。私は、ファシストの思想にも社会的な脈絡にも、どちらにも重要性を置き、その革命的野望も反動的な行動計画についても、同様に重視していた。

ファシズムがはらんでいる矛盾に満ちた性格は、その起源から生じていたものだ、と私はみていた。

ほとんどの場合ファシストたちは、保守派に対しては不満を持っていた。同時に彼らは、左翼、社会主義、フェミニズム、自由主義は、みずからの物質的利益や価値とは対立するものだと見なし、それらと敵対する限りにおいて、反動的であった。また彼らは、自分たち自身の指導者たちが保守的な利益を防衛しそこなってきたのだ、と考えていた限りにおいては革命的でもあった。したがって、既存の支配階級は、国民的利益を純粋に代表する(と彼らが考えたような)新たなエリートによって、置き換えられるべきものとされた。

このような反抗は、しばしば、保守派内における潜在的な階級的緊張や、ジェンダーによる緊張の存在を、露呈させることになった。滅多になかったとはいえ、少なくとも戦間期には、ファシズムが左翼の危機から生じてくることもあった。その場合、既存の支配体制への左翼によるいつもながらの敵対は、左翼こそが、たとえば政治的に旨い汁が吸える話に乗っかって、まず民衆を裏切ったのではないか、とする確信とぶつかり合うことになった。

ファシズムは、擬似軍隊的な暴力を使って左翼を破壊する任務をみずから進んで買って出ると同時に、他方では脅しを使って軍隊そのものに取って代わろうとした。なぜそのようなことになったのかという点は、ファシズムが異種混在的な行動計画を持っていたからだ、と説明された。また、ファシズムの矛盾をはらんだ起源から、その他の運動とファシズムとの関係も理解できる、ファシズムは左翼とも右翼とも親近性を持っていたのだ、と私は議論していた。さらに私は、ファシストたちは左翼に対する暴力と合わせて、左翼の思想や実践のいくつかを焼き直して取り入れていた、とも論じている。たとえば、彼らは左翼の労働組合は潰したが、かわりに自前の労働組織を作り上げた。また彼らは、フェミニズムには反対したが、しかし党内には女性グループを設定した。こうした定義の仕方のもう一つの有利なところは、変化を考えに入れられるという点である。ファシストの支持者たちは多様な要素からなり、それらが、さまざまな状況のなかで時々の基調を与えていたのだ、と。

おそらく間違いなく私の定義は、他の定義以上に有効性のテストには通るはずである。というのも、われわれが知っていることについて、より多くの説明を与えられるからである。それは、他の定義の長所をすべて備えているだけでなく、運動内部における確執であるとか、他の運動との曖昧な関係といった、その他の特徴についても説明している。

だが、しかしながら私の定義は、私が説明できると主張した諸事例の間にある重要な差異について、うまく言い抜けているにすぎなかった。たとえば、イタリア・ファシズムとナチズムとは同一の範疇に属していた、という私の主張を通すためには、ユダヤ人絶滅を狙うナチの反ユダヤ主義を、二次的な重要性しか持たないものと見なさざるをえなかった。イタリア・ファシズムとナチズムとに類似性があるからといって、ナチズムがファシズムの一形態であったということにはならない。実際のところ私の定義も、他の定義と同様に還元論的だったのである。そうして私は、現実の運動や体制が持っていた豊かさや多様性を、私の定義による特徴の方に合わせようとしていた。実際、あらゆる定義につきものの問題に、私もまた遭遇していたのである。もしわれわれが前に進みたいと思うならば、われわれは、それらの問題と対決しなければならないであろう。

定義をめぐる問題

はじめに確認すべきは、いかなる定義も選択的なものだ、ということである。すなわち、どのような定義も、ファシズムのある側面を重視して、他の側面は無視するものである。マルクス主義的なアプローチやヴェーバー的なアプローチは、物質的利益の保守的な防衛という点を強調するが、全体主義理論では、革命的な思想に焦点を合わせている。いずれの側も、みずからの選択した基準がより「本質的」だ、と断言するが(「断言」という点に注意)、しかし、それらの主張のどちらにするか決める方法はない。

しかも、ファシズムの多様性は大きいので、いかなる定義も、ぴったりこない事実にじきに遭遇することになる。たとえばマルクス主義者は、ファシストのうちには資本主義を攻撃する者がいた事実を発見するが、他方、全体主義理論をとる者は、ファシストのうちに資本主義を擁護する者がいたことを見出す。両者とも、自説を擁護するために同様の手法を用いている。マルクス主義者にとっては、ファシストの反資本主義は「戦術的」なものであり、権力を取れば放棄されるものだ、とされた。全体主義理論の場合には、ファシストと保守派との同盟は「戦術的」なものであり、一度権力を取れば放棄されるものであった。私の定義はそうした問題には関わらないように避けたのであったが、しかしそのために私は、イタリア・ファシズムやナチズムのさまざまな側面を、既存政党に対する反抗から由来したものだ、と還元してとらえる考察をせざるをえなかった。

選択の必要性があるということは、どこに焦点を据えるのか、指導者なのか党の知識人なのか、綱領なのか、党員なのか投票者なのか、あるいはそれらすべてなのか、といった選択を余儀なくされる、ということを意味している。われわれの定義は、それに応じて異なってくるであろう。それからまたわれわれは、運動への関与の程度がまた人によって異なっていた、という問題に直面する。ある者は投票者にすぎず、別の者は党の新聞の読者にすぎなかった。ある者たちはたまたま集会に参加しただけであったが、ある者たちは熱狂的であった。多くのファシストはまた、別の政党に加盟していたり、好感を持っていたりした。

さらには、人びとは決してファシズムへの忠誠いかんによってのみ、自分の位置を決めていたわけではなかった。ファシズム運動に属していた人びとも、必ずしもファシストというわけではなかった。彼らはまた母であり、父であり、カトリックであり、無神論者であり、労働者や資本家、等々であった。しかしわれわれの定義をいかに洗練させたところで、個人の個別の動きの歴史を説明できはしない。なぜなら、現実の人びとは決して単純にファシストとして行動したわけではなかったのだから、ましてわれわれの定義通りになどではありえないのである。

次の問題は、ファシズムのどのような「事例」が、われわれの定義に含まれるのかということである。われわれの定義は、起源をなす最初の事例、すなわちイタリア・ファシズムからのみ引き出されるべきだ、と論じる学者もいる。この選択は、一見すると簡明であるという長所を持っているかのようであるが、しかしそれでも、この異質な要素を持った運動と体制のどの側面を定義の対象と見なすのか、それを決めなければならない。

他には、イタリア・ファシズムとナチズムという、二つの「範例をなす」事例を基礎に定義すべきだ、という学者もいる。ではしかし、なぜナチズムが範例的であって、たとえばルーマニアの鉄衛団やスペインのファランヘ党は、そうではないのか。今一度確認するが、最初の選択が定義を決定づけるのである。より多くの事例を考慮に入れようとすればするほど、考慮された事例の共通点はより少なくなり、われわれの定義はより一般的なものとなり、そして、より扱いにくい事実は「重要性が低いもの」として取り逃がされることになる。

こうした点を頭において、ナチズムはまったくのところファシズムの一形態などではなく、それはむしろ「全体主義的」であるという点で共産主義と同列に扱った方がよい、という人もいるかもしれない。しかし、範疇分けをするということもまた、同じく独断的な決定を下すということと不可分であって、この場合にはナチズムと共産主義に共通する支配方式を特別視することによって、たとえば私的所有に対して、共産主義とナチズムが異なる姿勢を持っていたことを忘れてしまうのである。

読者の皆さんは、まったく正しくも、次のように疑問を持つかもしれない。われわれがファシズムを認識し理解できるようにしてくれる決定版の定義を提供できないのだとすれば、いったいこの本のポイントはどこにあるのだろう、と。

しかし私としては、読者の皆さんが聴いて下さるなら、以下の点を示したいと望んでいる。すなわち、われわれがファシズムを固定化してとらえるわけにはいかない、ということは、だからといって、われわれがなにもいえないということを意味するわけではなく、また、しょせん意見の問題だ、という意味でもない。定義に対する疑念は、定義なしでもなんとでもなる、という意味ではない。はじめに読者は、正しくも私に対して、私がこの本にどのような内容を込めたのか語ってほしいと望むのだが、私が書いているのは一つの選択なのであり、別の選択もできたかもしれないという点を、読者としては頭に置いておいてほしいと思う。つまり、自分自身をファシストと呼んだ、ないしはその敵対者や学者たちによってファシストと呼ばれた、運動と体制とを私は本書の対象としている。

私がそのような選択をしたのは、それらの運動や体制がどのようにファシズムに似ていたのか、それとも似ていなかったのか、そのあり方に読者が興味を持つものか疑問だからである。私が主張しようとは望まないこと、それは、一つまたはそれ以上の共通分母でそれらの運動をくくってしまうこと、すなわち、それらの運動が共通の中核部分ないし動力を持っている、と見なしてしまうことである。別の表現をすれば、私は、そのラベルが多くの意味を含みうることを承知の上で、ファシズムを一つの便利なラベルとして用いている。

われわれの定義がなにをできて、なにをできないか（研究者は滅多に、できないことは明らかにしないものだが）を可能な限りはっきりさせていれば、われわれのテーマがわれわれの関心に基づいた一つの選択であるという事実は、問題とするには及ばない。私が議論してきたファシズムの諸定義は、われわれに、なにごとかを語ってくれている。さらにいえば、それらの各々は、それらの主張者たちがいうより以上に他の定義と両立可能であるが、しかしどの定義も、たとえそれらすべてを合体させたとしても、われわれにすべてを語ってくれるわけではない。将来われわれが、どのような問題をファシズムについて問うようになるのか、誰にもわかりはしない(たとえば、ある時代には誰も、ファシズムにおける女性の役割であるとか、ファシズムと環境といった研究は思いつきもしなかった)。とにかく端的にいって、ファシズムは固定化してしまうにはあまりに多様すぎるのである。

こう述べてきたからといって、ファシズムは、他の政治運動以上に異質な要素に満ちているといいたいわけではない。しかしファシズムは、定義の問題で他のものより以上に泥沼にはまり込むことが多い。「社会主義」や「自由主義」の場合には、それらがさまざまな状況に応じて多くの多様な意味合いを持ちうること、それらは他のイデオロギーとも重なり合う場合があること、そしてその活動家たちは、彼らのイデオロギーが意味するところについて根本的に意見を異にすることもある、という諸点に簡単に納得するであろう。われわれはまた、誰が「真の社会主義者」であるとか「真の自由主義者」であるとかいう議論が、政治の材料の一つなのだという点を認めている。誰が党の「真の価値」を代表しているのか、誰がそれらを「裏切った」のか、ということをめぐって、しばしば党は分裂するものである。

重要な点は、政治的ラベルの最終的な意味はつかみようがない、ということである。むしろ、特定の状況においてラベルがどのように使われているのか、当事者たちにとってはどのような意味を持っているのか、と問う方がよい。たとえばわれわれは、ムッソリーニがファシズムについて語るとき、彼はどのような意味を込めていたか、と問うことができるし、彼の考えはいかに、またなぜ変化したのか、それらは他のイタリア・ファシストたちとどのように異なっていたのか、と問うことができよう。

ファシズムを他の概念から真に際立たせている点はただ一つ、それに対するとんでもなく否定的な道義上の非難攻撃である。もちろん、他のラベルも中傷攻撃として用いられる。たとえば合衆国では、「リベラル」というラベルは蔑称でもありうる。しかしながら、人びとがあるラベルをつけられた時に、それをポジティヴにとらえることも珍しくはない。

しかしファシズムの場合には、ラベルを自分で引き受ける者はまれであり、まさに非難攻撃の重大さが、そのラベルを、相手に突き刺さる、誘惑的なほど実効的な告発とするのである。政治家やジャーナリストは、決めつけを武器として用いる。そしてファシズムこそは、その最たるものである。さらに、決めつけが「客観的」で「学問的」な定義だと主張できれば、それは汚名として、よりいっそう効果的になる。それこそが、当事者たちがしばしば学者に対して、調停の役割を求める理由である。十分な資格を認められた研究者たちが、回答を与える以上のことを進んで行い、なかには、自分たちの主要な役割の一つは正確な定義を立てることだ、とする者も多く存在する。

しかし私の考えでは、学者には他の誰とも同様に、「真のファシズム」とはなにかを決定づける資格など、ありはしない。彼らは一つの定義で合意することが不可能だ、ということが、それを十分に確認させてくれる。ファシズムを定義するという不可能な任務に彼らがひとたび取りかかるや否や、彼らは、定義をめぐる決定不能な論争に巻き込まれる。それがまた、(実際しばしば抵抗しがたく)政治家やジャーナリストをひきつける。

ある特定の状況に固有の政治的ラベル貼りを、どのようにラベルが用いられたのか、当事者たちにはどのような意味を持ったのか、という点で探究することにかけては、学者たちは他の人びとよりもよく準備ができている。その意味で、ファシズムという概念は過去の理解にとって本質的である。すなわち、ファシズムの定義というものは不可能であることにわれわれは気づいているのだが、しかし当事者たちは、この概念がまさに現実を示すものであると信じ、彼らがファシズムであると考えたことが、彼らの見解を形づくり、諸集団による相互の反応を形づくったのであった。

したがって、ナチズムはファシズムの一形態であるのか否か、といった不毛な論争に関わりあうよりも、われわれは、ナチがラベルを用いた方式や、あるいは拒否したやり方について探究し、彼らがどのようにイタリアの体制を解釈していたのか、そこから何を引き出したのか、そして、イタリア・ファシズムからの借用をその他の思想や実践とどのように結びつけたのか、と探究するほうがよいであろう。

「ファシズム」という言葉の同時代における使用に焦点を合わせるということは、ファシズムを理解するのにわれわれ自身の諸概念を用いることができない、という意味ではない。われわれ自身がなにをしているのかについて明確であれば、用いてよいのである。現在の諸運動が、過去のファシズムとどの程度似ているのか、という問題に人びとの関心があるのはよく了解できるのであって、私は後段でこの問題を議論するつもりである。

しかしわれわれは、われわれ自身の範疇を適用しているのであって、われわれにできるのは類似点や相違点に照明をあてることのみだ、という点を自覚しておかなければならない。今日の諸運動が、なんらかの深い意味合いにおいてファシズム的であるのかないのかを、われわれはいうことはできない。また、われわれが範疇を決めて研究している運動について、知るべきすべてを学ぶことはできないという点も、われわれとしては忘れてはなるまい。違った定義の仕方をすれば、また違った事柄が示されるであろう。

第2章　ファシズム以前のファシズム？

フランス、エグ・モルト、一八九三年

一九世紀末において、フランスの地中海岸における塩田作業はほとんど機械化されておらず、塩を運び上げていく仕事は、たいへんな重労働であった。八月の輝く太陽のもとで、労働者たちは手押し車に乗せた重い塩を、木の板に沿って、だんだん高くなっていく塩の山のてっぺんまで運び上げた。この労働は季節的なものだったので、貧しい出稼ぎ労働者がそれに従事していた。しかもフランスは労働力不足に悩んでいたので、彼らの多くはイタリアからの移民であった。

一八九三年八月一六日、エグ・モルトの製塩作業場に、イタリア人がフランス人労働者を三人殺した、という根も葉もない噂が流れた。それが、不運な移民たちを狙った、文字通りの人間狩りを引き

起こしてしまった。翌朝、警察は、できるだけ多くのイタリア人を鉄道の駅まで護送した。護送の途中で、おびえる労働者たちにフランス人が野蛮にも襲いかかり、少なくとも六人が殺され、他の場所でも二人が殺されてしまった。たまたまイタリア人たちは、エグ・モルトに残る中世の遺跡コンスタンス塔に隠れ場を見つけて逃れた。続く二日の間に、この塩を採る海岸地帯で、さらにどれほどの人たちが人知れず犠牲になったのか、誰にもわかっていない。

フランス人と移民労働者との喧嘩は、ふつうは殺人にまで至ることはなかったけれども、この時期にはよくみられたものであった。エグ・モルトではフランス人労働者たちの隊列が赤旗を先頭にしていたように、どの政治党派も外国人労働者への反感を持っていた。しかしながらエグ・モルトの虐殺事件には、なにか新しい要素があった。

たまたまの巡り合わせであったが、ファシズム創出者の一人ともいわれることのあるモーリス・バレスが、一八九一年発表の小説『ベレニスの庭園(*Le Jardin de Bérénice*)』の舞台をエグ・モルトに設定し、コンスタンス塔を新たな種類のナショナリズムの象徴として用いていた。ネイション(国民)とは、フランスに住む個人(男性のみだが)がともに住むことを理性的・民主的に選択したことの表れだ、と見なす自由主義的で民主主義的な観点を、バレスは拒絶した。彼にとってネイションとは、通常の人間の理性を超えたスピリチュアルな感覚から発するものであった。

こうした見方は、人間の集合的な無意識という当時流行りであった心理学的な考え方、そしてまた、芸術は人間行動の下に隠されている神話に接近可能にしてくれるものだと見なす、象徴派文学運動によって形づくられたものである(図1参照)。バレスは、ネイションとは歴史と伝統が生み出したもの、そして農民が国土と長年にわたって接してきたことから生み出されたもの、と見なした。コンスタンス塔の上から小説の主人公は、フランスの田園の広大なさまを見渡して、フランスの中世という過去と心を通わせ、そして一個の存在としてみずからが「この広大な国の一瞬にしかすぎない」と気づく。バレスの主人公は、フランスの大地と一体化したのであった。移民には、決してそれはありえないだろう。

図1　1888年のモーリス・バレス．19世紀末の服装の規範では，ナショナリストの知識人が民衆の人物だとのポーズをとることは，むずかしかった．大戦後になると，軍服を身につけることで，活動家たちは同一共同体に属すると同時に階層秩序のなかにも位置しているという理念が伝わることになった．

バレスはまた、魂の鍵となるものを求めるような、自己なるものに取り憑かれた芸術家、という面を持っていたように思われる。バレスの書いたものには、それにあたる要素があちこちに存在する。しかし彼には、さらに別の面もあった。一八八九年、バレスは、フランス東部の町ナンシーから、ブーランジェ将軍の後継者として国会議員に選出されていた。ブーランジェは、議会の腐敗した政治屋たちからフランスを救出するのだ、と公約した軍人であった。バレスの選挙運動は、さらに加えて、ナンシー住民たちの反ユダヤ主義を利用したものでもあった。

ますます彼は、ナショナリズムをあらゆる問題への解決策と見なすようになった。エグ・モルト虐殺事件の数カ月前にバレスは、日刊紙『ル・フィガロ』に一連の記事を寄稿していた。そのタイトルは「外国人に抗して〈原題 Contre les étrangers〉」。説明は不要である。それらの記事は、イタリア移民が政治スパイと見なされるような、イタリア・フランス関係が良くない時期に、ちょうど公にされた。バレスは、エグ・モルトでの出来事に責任があったわけではないが、しかし彼の小説やジャーナリズム活動は、民衆の外国嫌い《ゼノフォビア》を、ファシズムの知的起源と結びつけたのであった。一八九八年には、バレスは、みずからを「国民社会主義者(ナショナル・ソーシャリスト)」と位置づけていた。

これらの出来事は、ファシズムの起源に関する問題を提起しており、ファシズムはわれわれがここで議論しつつあるファシズム以前から存在していたのか、という問題もそうである。明らかに、〈ムッソリーニが権力を取った〉一九二二年以前の運動のうちのいくつかは、他よりもファシズムにより近いものであった。ただ、エグ・モルト虐殺事件に関与した人びとがどのような政治的傾向を持っていたのかは、よくわかっていない。また、バレスからファシズムへと直線的に繋げるわけにはいかない。というのも、彼の反ユダヤ主義や国民社会主義からすれば、彼はムッソリーニよりもヒトラーにより近くなるからである。しかもバレスは、のちには伝統的な保守主義をも取り入れていて、戦争〔第一次大戦〕が勃発した時には、ユダヤ人兵士たちの愛国主義を讃えてもいるのである。

どこから始めるべきか

前章でみた定義をめぐる議論が、過去へのファシズムの起源探求を複雑なものにしている。第一に、「ファシズム」を定義することは多くの多様な可能性からの選択を意味している、という点を思い起こそう。そう考えずに、もしわれわれがファシズムとナチズムを全体主義として分類するならば、われわれは、共産主義の前例をもまた探さなければならないことになる。それでは、話がまったく違ってきてしまうであろう。

第二に、イタリア・ファシストたちの結成から始めるとすれば、別の選択につながる。実際ナチズムから始めて、イタリア・ファシズムはその先行事例であるのか否か、と問うことも、大きな意味を持ちうるかもしれない。そうなるとまた、バレスを出発点と見なし、「範例的事例」と考えることもできるであろう。そうなれば、ファシズムもナチズムも、バレス流の国民社会主義の変形版として描きたくもなる。

第三に、ファシストの言葉遣いで鍵となっている用語の意味や実際的な含意について、とらえ方の対立があり、人びとをファシズムに向かわせた動機も多様であったということは、その起源が一つのところに特定できない可能性を示唆している。そうであるならば、イタリア・ファシズムやナチズムは、イタリア人やドイツ人の「国民的〔民族的〕伝統」や「国民〔民族〕心理」のなかのなにかから自然に出てきたものだ、とか、いずれも「近代化」によって引き起こされた尋常ならざるストレスへの反応であった、とかという見方は、通用しないでお払い箱となる。

ファシズムの起源を過去に求めるよりも、むしろわれわれは、一九一九年から一九二二年に至るイタリア特有の状況に注目すべきであろう。その期間に、イタリア・ファシストたちは、権力闘争に再加入するための隙間を作り出し、競争相手と競う、そういう手段を探しまわっていた。その目的を果たすために彼らは、ファッシといった観念を含め、まわりから見つけ出した思想や伝統を用いつつ、それらとは違うなにか新しいものを創出したのであった。

続いて、外国の賞賛者たちが同様のことをするであろう。すなわち、彼らは自分たちのオリジナルな、異議は出るかもしれないが新たな総合的なものを創出するために、いくつかの参照例とともに、とりわけファシズムを用いたのである。本章で私は、イタリア・ファシストとナチとがいずれも依拠した思想のいくつかを、検討したいと思っている。そのための適切な関連事実を選び取るためには、不可避的に、のちの時代から振りかえった視点をとることになろう。

本章の別の目標についても、同様の注意が当てはまる。私はイタリア・ファシズムとナチズムを、それら以前の運動やイデオロギーと比較するにあたって、それらの多様な側面について先駆をなしたような点に、光を当てようと思っている。

しかし類似点の存在は、先行した運動がファシズムの「原因」になったという意味ではないし、あるいは、ファシズムが潜在的に存在していて、やがて大衆運動となり権力を取る絶好の機会を待っていたのだ、という意味でもない。一見したところファシズムの先行事例にみえるものによって、欺かれてはならない。というのも、いかなるイデオロギーも折衷的で矛盾した性格であればあるほど、それらのうちの二つの間に類似性を見出すことは簡単だからである。したがって、過去の諸運動とファシズムとを比較する場合には、単純に類似点と相違点とを見出すにとどめるべきなのである。

ファシズムは、一連の政治的領域をまたぐかたちでさまざまな思想に依拠し、それらを変容させた、という点を私としては強調したい。それが、ファシズムとは何であったのかという点に関する、ファシストたちの間での多くの論争について考慮する、唯一の道であろう。加うるに、ヨーロッパにおいて(さらにヨーロッパを越えて)思想や経済、社会や政治的実践はつねに複雑に絡み合っていたのであって、一つの国を他から切り離して考察することは不可能である。いかなる国においても、あらゆる運動は右であれ左であれ、まず一国だけに属するものではない諸思想に、依拠しているものであった。一九世紀のほとんどの思想は、なんらかのかたちでファシズムに影響を与えていたが、しかし、それらのどれも本質的に原《プロト》ファシズムというわけではなかった。最もファシズムに似ていたものですら、そうである。

ファシズムの諸条件

以上のことは、「急進右翼(radical right)」と研究者たちが名付けた一九世紀末の諸運動についても当てはまる。すなわちパン・ゲルマン同盟、フランスの愛国者同盟、イタリア・ナショナリスト協会はじめ、多くの組織である。当時は誰も急進右翼というラベルは用いなかったが、それらの当の運動自体も、みずからを単一の範疇に属するとは見なしていなかった。反対にそれらは、ネイションとは単一無二のものである、むしろ単一であるべきである、と信じており、それぞれの国で権力を取るか、政府に影響を与えることを目標としていたのであった。

しかしこの急進右翼は、実際には国境を越えた知的・政治的・社会的・経済的展開に依拠しており、いくつかの点では、左翼とも共通するところがあった。左翼も右翼も、同様の圧力に対して同様に反応しており、ともに共通するいくつもの思想を練り直して、それぞれみずからの目的のために、それらを結合しなおしていたのである。

ファシズムの知的起源から、検討を始めてみよう。もしファシズムをもっぱら一政治宗教と見なすならば、その軌跡は、宗教改革時代の急進的な分派にまで、さらには古典古代のそれらにまで、遡るであろう。それらは、ファシストの一部が持っていた不寛容で、偏狭な、神秘的使命感を帯びた思考のありようの前例をなすものであった。しかしファシストはまた、宗教史におけるまったく別の姿勢、たとえば、信仰に奉仕するために理性を活用するスコラ的な決断、といったものからもなにかを得ていたといえるのではないか。

一八世紀の啓蒙思想もまた、もう一つ別の出発点であり得るだろうが、この場合もその遺産は複雑である。社会が伝統によって決定づけられている必然性はなく、普遍的な原理から描かれた青写真に基づいて組織することができる、とする啓蒙思想の考え方から、ファシズムはなにかを引き継いでいた。ミシェル・フーコーの影響を受けた歴史家たちはしばしば、住民についての計画化や医療化、数量的把握といったことへのファシストの病的なこだわりを、啓蒙の科学にまで遡らせて跡づけることに熱心である。

社会というものは、「一般意志」という一つの普遍理念によって規制されるべきだ、とする啓蒙思想家ジャン・ジャック・ルソーの考え方も、また関わっている。フランス革命期の一七九三年、恐怖政治下において、革命家のうちでも最も革命的な人びと、すなわちジャコバン派のなかでも何人かは、平等社会を構築するための手段として暴力を正当化し、自らの計画に反対した人びとを排除した。彼らは、強制的にでも人びとを自由にする覚悟をしていたわけである。

しかしファシズムはまた、ドイツ人のゴットフリート・フォン・ヘルダーがしたように、普遍的原理の価値を国民的〔民族的〕伝統の名において否認する、反啓蒙思想家たちからも負うところがあった。ジョゼフ・ド・メストルのようなフランスの反革命家たちも、ネイションとか職業、家族のような「自然の」共同体こそは、個人的な人権などよりもはるかに重要だ、と主張していた。反啓蒙主義の哲学は、一九世紀のロマン主義に大きな影響を与えた。ロマン主義は、自然の崇拝をよしとして理性を否認し、大衆の凡庸さに芸術家の天才を対置したのである。

焦点を絞って、急進右翼の台頭を、一九世紀最後の数十年の特徴をなしたとされる「理性に対する反抗」という脈絡に位置づける人もいる。たしかに、多くの世紀末思想家は、理性主義とその分派に反対していた。たとえば自由主義、社会主義、唯物主義、そして個人主義への反対である。彼らは、歴史を進歩とみることを拒否する悲観論者であり、かわりに、衰退に抗する絶望的な闘争をそこにみてとった。国民を衰退から救出する一人のエリートを求めるファシストの呼びかけ、灰の中からの再生（パリンジェネシス）という観念は、こうした雰囲気から発したものであった。ドイツでは、ロマン主義に由来するさまざまな神秘主義思想の流れが、ドイツ「民族（フォルク）」という観念を広めた。それは、倫理的で、社会的に一体となった、家父長的な、エスニックな、そして言語上の共同体として定義された人びとである。バレスはといえば、祖先崇拝と大地の名のもとに、理性主義に立つ共和主義を攻撃した。

ファシストに影響を与えた人びとの一人として、群衆心理に関するフランス人理論家、ギュスターーヴ・ル・ボンを挙げておかなければならない。彼は、非理性的な群衆はデマゴーグによって操作されうる、と主張した。ムッソリーニもヒトラーも、ル・ボンを引用していたが、しかしル・ボン自身はといえば保守主義により近く、また彼の理論は、極右に対すると同様に左翼に対しても魅力的であった。ル・ボンという鋳型から出てきたのがジョルジュ・ソレルであった。ソレルもまたムッソリーニによって引用されていた人物だが、彼も、大衆というのは神話と暴力によって誘導されるものだ、と主張していた。

同様に、イタリアの政治学者ガエターノ・モスカやヴィルフレード・パレートも、政治エリートを守り続けるという点での「力」の役割を強調していた。ドイツの哲学者フリードリヒ・ニーチェは、普遍主義こそが強者に対する尊敬を傷つけてきたのだ、と確信していた。ニーチェは、運命の人がよりスピリチュアルな共同体を創造するであろう、と望んでいたが、しかし彼の思想は矛盾に満ちており、折衷的なものであった。どの程度、これらの重要な思想家たちのいずれかが原ファシストであったのか、という点で、学者の意見は一致していない。彼らの思想が、原ファシストたちによって取り込まれたり、誤認されて取り込まれたりした、というのが正確なところであろう。

実際われわれは、ファシズムの起源を、もっぱら理性の拒絶という点にだけみるわけにはいかない。反対に、前に挙げた思想家たちはみな、神話もエリートも群衆も、普遍的な科学的原理を用いて研究することができる、と考えていた。たとえばル・ボンは、進化論を誤用して、進化と自然淘汰が、理性の力の発展を通してエリートが大衆の上に立つことを可能にしてきたのだ、と論じていた。その結果、エリートは、大衆の激情の原因を理解し、大衆をナショナリズムに即した安全な方向に導くために、社会科学を活用することができるのだ、と。当時の基準によれば、優生学的な社会計画は、その人種論的な次元ともども、間違いなく科学的だったのである。もちろん、われわれにとっては、これらの多くは似非《えせ》科学である。

チャールズ・ダーウィンの適者生存という原理は、かつても今も、科学的に敬意を払うべきものであるが、しかし、その社会への適用はいかがわしいものであった。社会ダーウィニズムの主張者たちは、貧者救済を伴った近代社会の安楽が、不適合者の生存と社会の退化に繋がりはしないかと恐れた。彼らは回答として「優生論(eugenicism)」を説き、不適合者の断種といった「否定的」手段と、そして(あるいは)また、健常者の再生産奨励といった「肯定的」手段とを、提案していた。

社会ダーウィニズムの主張者のなかには、大衆がカウチポテト(無気力)症候群の一九世紀末版に陥ることを予防できるのは、強力な指導者によってのみだ、と思っている者もいた。社会ダーウィニズム信奉者はまた、国民国家間における力の闘争は不可避だ、と信じており、なかには、国民の運命に比べれば個人の運命などは微々たる重要性しかない、と思っている人たちもいた。

社会ダーウィニズムは、さらに問題のある人種「科学」とも結びついた。フランス王党派であったゴビノー伯爵による『人種不平等論(*Essai sur l'inégalité des races humaines*)』は、一八五三年の刊行以来無視されていたが、一八九〇年代になると読まれ始めた。その賞賛者の一人は、作曲家リヒャルト・ヴァーグナーであった。彼は、反ユダヤ主義と、ゲルマン的キリスト教精神からその「ユダヤ的要素」を除去したものと、そして異教信仰とを混ぜ合わせ、理想化されたゲルマン神話を創り出した。
彼の娘婿ヒューストン・スチュワート・チェンバレンが、それに社会ダーウィニズムと人種差別的観念を付け加えた。ヒトラーはこのチェンバレンの信奉者であり、生涯にわたって、勝利か死かというヴァーグナー的な夢想を抱き続けたのである。それでもなおヒトラーは、ナチズムが一つの宗教であるということは否定していた。それにしても彼の演説のいくつかは、「科学的社会主義者たち」(すなわちマルクス主義者たち)の教条主義的な誇大さのパロディであるかのように読むことができる。

人種差別は、帝国主義の本質的な要素の一つであった。一八八〇年代と九〇年代における、列強によるアフリカとアジアの多くの分割支配は、国家間競争を刺激し、人種差別をさらに加速させた。イタリアやドイツ、フランスのナショナリストは、自分たちの帝国が当然の分け前を獲得していない、と信じており、他方、拡張しすぎた帝国の防衛こそは、イギリスの超国家主義者たちにとっての重大事であった。ヨーロッパ列強は人種科学を利用して、「劣った」非ヨーロッパ系の人びとに対する支配を正当化し、それがふさわしいと列強自身が見なしたところでは、法の支配を無視した。いくつかのところで生じた現地住民たちの絶滅は、ホロコーストの先行事例に当たるものであった。

こうした状況とファシズムとを直線的に結ぶことは、魅力的ではあるが安易でもある。というのもファシズムは、可能であった多くの結果のうちの一つにすぎず、また、ムッソリーニの人種差別思想はヒトラーのそれとは明らかに違っているからである。しかも、前述の思想の多くは、また違ったやり方で保守中道派や左翼によっても、用いられていたものである。たとえばイギリスの保守派フランシス・ゴルトンと、彼の弟子で左翼に属するカール・ピアソンは、優生学を創出している。急進右翼は、たとえば神秘主義や科学主義、伝統主義や近代主義、理性と非理性、といった政治的境界や国家の境界を超えるような非常に幅広い思想の、一つの表出なのであった。

こうしたさまざまな思想が、いかに急進右翼のなかに取り込まれたのか、それを本当に理解したいのであれば、われわれは当時の脈絡に注意を向けなければならない。まずこの時期は、大学のなかに近代学問が台頭した時代であった。たとえば歴史学、社会学、政治学、物理学、生物学、文芸批評、等々である。

専門特化した研究の台頭は、いくつもの分野で学問的一流を主張するような旧来型の学者や、あるいは好事家たちの地位を、怪しいものにしていた。それまで大学の学部は法曹や医師が支配しており、彼らはとりわけ幅広い能力を自称していたのであるが、彼らこそが、上述したような、人種差別的で優生学的な、心理学的で、歴史的な考え方にひきつけられていった。医師と法曹とは、極右における傑出した存在であった。彼らが積んだ学問的な訓練からして、政治的・社会的諸問題への発言が可能なのだ、と彼らは主張した。

こうした博学者たちは、専門特化したアカデミズムの世界から承認されないことを不満に思い、その代償として政治的成功を求めていた。極左の方向を好む者もあれば(法曹の修練を受けたレーニンは典型的なジェネラリストであった)、左翼と右翼の中道派を好む者もいた。別の者たちは、新右翼の方をよしとした。バレスは、政治の世界に入った理由の一つとして、今では忘れられている人種理論家に対して既存の共和体制が敬意を拒否したからだ、ということを挙げていた。専門職の地位がユダヤ人や女性によって人員過多になるのではないか、と恐れた専門家たちの嫉妬がこれに加わった。

医師と法曹が優生学の理論を支持したのは、そうすることで自分たちが神の役割を演じられる、と見なしたからである。専門的な学問研究者たちも、似非科学やナショナリズムに対する免疫を持っていたわけではなかった。重要な点は、社会は科学的な原理を用いて形づくることができる、と考えた者たちが、政治行動にひきつけられていたという点であり、なかには極右に向かう者もいた、ということである。

とりわけ社会科学者、政治学者たちが、民主主義の進展を理解するのに群衆心理学や人種論を用い、しかも多くが「大衆の時代」を恐れていた。進歩的なフランスから独裁的なロシアに至るまで、投票権はすでに、一九一四年以前にヨーロッパ各地に広まっていた(ただし女性に対しては、ほとんど認められていなかった)。選挙への公衆の関心が高まり、大衆政党、ナショナリスト政党、社会主義政党、カトリック政党、農民政党などが台頭していた。それらと並んで、菜食主義協会から労働組合や女性グループ、植民者の圧力団体に至るまで、単一の趣旨を掲げたおびただしい数の集団が叢生していた。タイプライター、鉄道、電信といった科学技術の革新が、常設的な全国規模の政治組織の成長を容易にしていた。社会科学者にとっては、いかにエリート支配を維持していくかという問題と並んで、「大衆の台頭」は解決されるべき課題であった。

急進右翼とは、大衆政治の結果であるとともに、それを抑え込むための試みでもあった。急進右翼は、ネイションを階級や宗教よりも上位に位置づけ、競争相手を抑え込み、ある種の左翼政策を引き継ぎ変形させることによって、この政治舞台で敵と戦おうとしたのである。こうした潜在的に矛盾をはらんだ目的があった、という点を明確にしたうえで、急進右翼は理解されるべきなのである。

急進右翼の政治的諸起源

まず、ナショナリズムから始めよう。一九世紀末に至るまで、ナショナリストはまず左翼に位置していた。というのも彼らは、民族の「自己決定」への権利を唱え、多民族国家であったロシア帝国やハプスブルク帝国、イギリス帝国に対して、民主主義の名において挑んでいたからである。しかしながらナショナリストたちはまた、正義という普遍原理に対する訴えを、しばしば、潜在的に非民主主義的でロマン主義的なナショナリズムとも結びつけた。それは、ナショナルな理念の、なかば神秘的な確信をすべての住民に求めるものであった。その住民たちは、同一の人種的出自を持っているのであって、他の人種とは本質的に異なるのだ、とされた。

ナショナリストたちによって近い過去に新たに建設された国家、とくにドイツとイタリアにおいて、急進右翼は強かった。これらの国の政府は、教育、言語統一、徴兵、そして国家を超えた教会の影響を制限することを通じて、それまでの臣民を、国家を構成する市民へと変えていく政策に取りかかった。しかし急進的な人びとは、政府が十分な手を打っていないと感じていた。

急進右翼は、フランスでもまた強かった。フランスは古い国であったが、しかし新たな共和政〔第三共和政〕は一八七〇年に樹立されたものであった。自国の農民たちをフランス人にと仕立て上げ、カトリック教会の影響を排除しようという努力が、熱心になされていたが、フランスでもまた、さらに急進的なナショナリストたちからの挑戦に直面していた。これらの国のどこにおいても、ナショナルな共同体を創出しようとする努力は、ちょうどエグ・モルトの製塩労働の場合がそうであったように、仕事やその他の報酬への競争を激化させることになった。

急進右翼の運動はまた、支配民族を分離主義運動が脅かしているようなところで、台頭した。オーストリア・ハンガリー帝国のオーストリア側では、支配的地位にあったドイツ系の人びとは、チェコ人やポーランド人に対して過剰に譲歩させられた、と感じていた。一九〇五年革命後のロシアでは、急進ナショナリズム運動である「黒百人組」が、民族的な分離主義者と社会主義者の双方に、戦いを挑んでいた。

急進右翼と社会主義との関係は複雑であった。一方では、実に多くの反社会主義的組織が生み出され、そのなかには、反マルクス主義労働組合や各種の職人協会、さまざまな農民同盟、事業団体などがあり、それらはしばしばナショナリズム運動と結びついていた。しかし他方では、社会主義とナショナリズムには潜在的に一致する点もあった。一九世紀の社会主義者たちは多くがナショナリストでもあって、自分たちを民族や国民の代表と見なしており、「コスモポリタン」な資本家や貴族に敵対していたからである。社会主義者たちはより広い急進的な伝統に溶け込んでもいたが、その伝統は、女性の権利を滅多に認めることはなく、しばしば外国嫌いでもあった。

このような排他的な底流は、一九世紀末において、マルクス主義への敵対のなかでより明確なものになっていった。というのも、マルクス主義がナショナリズムよりもインターナショナリズムを強調し、人民一般よりも工場労働者に力点を置くようになったからである。同時に、フェミニズムの台頭が、暗黙のうちにあった反女性感情を表に引き出した。結果として、社会主義者のうちからも、左翼から右翼へと移動する者が出たのである。

正統的な社会主義者ですら、急進右翼の呼びかけに免疫があるわけではなかった。マルクス主義の正統派は、ブルジョワ的民主革命がプロレタリア革命に先行しなければならない、と教えていた。依然として民主主義体制ではなかったイタリアでは、ナショナリズムがこの本質的な前提条件をもたらすであろう、と考える社会主義者たちもいた(これこそは、ムッソリーニが大戦へのイタリア参戦を支持した理由の一つであった)。また別のところでは、党があまりに官僚的になってしまったと感じて、革命を惹起するための別の手段に期待する社会主義者たちもいた。しかし、元の社会主義者で急進右翼の活動家になる者は多くはなく、ドイツではまず皆無であった。それでも急進右翼と、のちにファシズムは、労働者たちを国民へと取り込むために、社会主義思想を作り替えて用いようとする。この点は後段でみることにしよう。

急進右翼についてはまた、フェミニズム台頭との関係で考察しなければならない。フェミニズムはアメリカ、スカンディナヴィア、そしてイギリスで最も強力であったが、ヨーロッパの大半の国においても多かれ少なかれ存在していた。一八九〇年代においてフェミニストたちは、職業に従事できる幅を拡大するようますます激しく要求するようになったが、続く二〇世紀冒頭の一〇年間には、女性の投票権に関心を向けるようになった。

急進右翼は、男性からの激しい反発を示す最前線に位置した。だがまた急進右翼は、宗教的組織にも依拠しており、それらの組織では、伝統的に女性が重要な役割を果たしてきていた。加えて、急進右翼が社会主義から獲得した支持者には、女性もいくらか含まれていた。ここでもまた急進右翼は、彼らが反対していた思想を作り直して取り入れ、それと抑圧とを組み合わせて用いることによって、脅威を中和しようと試みたのである。

保守派もまた、急進右翼にひきつけられていた。たとえばイギリスの保守派は、アイルランド自治法に反対のエドワード・カーソンらが組織したアルスター義勇軍と共謀していた。またプロイセンのユンカー(地主貴族)たちは、ドイツ土地同盟を創立し、フランスの王党派は、ドレフュス事件の際に反ユダヤ同盟に資金を提供した。自由主義者たちもまた、完全に急進右翼と対立していたわけではなかった。というのも彼らの多くは、才能に基づいた階層秩序を大衆社会の平等主義が脅かすのではないかとみていたからである。彼らはしばしば市場というものを、ダーウィン的な生存競争とよく似ていると見なし、「経済」の利を追求していけば生が崩壊する、という考えを密かに承認していた。自由主義に立つイタリアの学者パレートは、反社会主義闘争を博愛的な考えをもって妨げるようなことを、エリートたるものは放置してはならないと信じ、ナショナリズムこそは社会的な利益のために大衆を動員する手段だ、と見なしていた。おそらくムッソリーニは、パレートの講義を聴いていたと思われる。

保守派や自由主義派のエリートたちは、フェミニズムや社会主義、少数民族に対する急進右翼の敵意を共有していた。しかしながら彼らエリートは、それらの敵に対する譲歩もする用意があった。というのも彼らは、「大衆の台頭」は不可避的な過程であり、それと妥協するほかない、さもなければ政治的死の危険を冒すことになる、と信じていたからである。彼らは、より多くの民主主義をという要求を逸らせて、国民的大衆運動というより小さな害悪の方に転換できないかと望んで、急進右翼にその急進性にもかかわらず加わったのである。

急進右翼の何人かの活動的な人びとは、また違った考えを持っていた。彼らは、既存のエリートが国益を守れるとは信じていなかった。現に政府が国民全体に関わる論点については、病的な興奮状態をもたらしはしないかと恐れて、調子を抑えることがしばしばだったのは事実であった。急進右翼は、政府に対して、民衆の要求にもっと敏感に応じるよう求めた。ドイツでは、急進右翼は「奥ゆかしい暇つぶしの論争」を告発し、「国民全体に関わる問題については、すべての国民を参加させ意見を聞くように」と要求した。ただし逆説的だが、それは、一人の強力な指導者を通じてだ、という。ドイツやフランス、イタリアの田園部では、(かつては既存秩序の防波堤だと見なされていた)牧師や司祭が、農民たちを焚きつけた。急進右翼は、彼らなりのやり方で、保守政治を「民主化した」のである。

つまり急進右翼は、単に超国家主義やアノミーからのみ由来したわけではない。仕事や報酬、教育における成功を求め、また、国家建設や帝国主義の脈絡のなかで反社会主義や反少数民族、反フェミニズムといった面で政治的な賞賛を受けようと求め、そしてまた人種としての質と有能さを向上させようと、日々競い合うことのなかに、それは根ざしていたのである。こうした闘争のなかで急進ナショナリストたちは、使いこなせると見なした思想については、政治的などのような傾向からでも借用して作り直した。このことは、だからといって急進右翼が「左でも右でもない」ということを意味するわけではない。当時特有の時代的脈絡のなかで、彼らは、左翼よりも右翼にこそ同盟者と政治的な機会とを見出した。後段で取り上げる事例にみる通りである。

それらの事例とは、一九一四年以前に存在していた多くの急進右翼運動のうちの、ごく一部を選んだものにすぎない。どれが最初の急進右翼運動であったかは、いずれにしても決定しがたい。どれもファシズムとは完全には一致しておらず、多くの議論は袋小路に行き詰まった。研究者のうちでは、ファシズムの起源をイタリアかドイツにみる者はほとんどいないが、また別の者は、完全には確信を持てないまま、フランスの方に目を向けた。おそらく戦間期ファシズムのある部分に最も近かったのは、南北戦争直後に、平等となったアフリカ系アメリカ人たちの今後に警戒した旧南軍将校らが結成したクー・クラックス・クランであろう。彼らは、おそらく制服を身につけた最初の事例であった。そして人種的な敵に対して暴力を行使し、当局とは並行的にある種の権威のようなものを創り出した。しかしその彼らも、ファシズムが持っていた協調的組合主義や帝国主義といった次元には欠けていた。

フランス

フランスが、急進右翼に好都合な土壌を提供したことは否定できない。一八七〇年のドイツに対する敗北〔普仏戦争〕と、イギリスとの帝国間の抗争における敗北とから、フランスの国民感情は傷つけられていた。フランスでは、とりわけ革命が頻繁に生じてきており、マルクス主義的社会主義や革命的サンディカリスムが今やまた別の革命を起こす脅威があるようにみえた。「フェミニズム」という言葉は、一八七二年にフランスで最初に使用されたものであった。共和政府は、自由民主主義的な原理に立った統一的で世俗的な国民国家を熱心に構築しようとしていたが、しかし政府は、一方でカトリック教会からの抵抗と、他方で国民統一はまだ不完全だとする人びとからの抵抗に、直面していた。フランスが農業や工業で移民労働力を必要としていたことは、エグ・モルトにおけると同様に、民衆における外国嫌いを募らせていた。

フランスにおける急進右翼は、それぞれ重要性の異なる四つの傾向の出会いから結果したものである。

・共和派に続けざまに敗れて周縁化され、急進化した王党派とカトリック。
・世俗化に抵抗し、プロレタリアへの主導権を社会主義者から奪い取ろうと必死になっている、カトリック系のポピュリストたち。
・明らかにドイツへの復讐には関心がない政府に対して、苛立っているナショナリスト。
・バレスが指導的地位につこうとしていた、社会主義のうちのナショナリストでポピュリストの党派。

社会的にいえば、急進右翼の魅力にとらえられた人びとは、反ユダヤ主義のモレス侯爵のような没落した貴族から、パリの「ユダヤ系」デパートに憤慨している商店主たちを経て、一九〇〇年代に「黄色」労働組合に加わった外国嫌いの労働者たちに至るまでの幅があった。

イタリア

イタリアは、一八五九年から一八七〇年にかけて、民衆的ナショナリズム運動によってというよりも、むしろ、ピエモンテという国家とその同盟国フランスによる軍事行動を通じて、統一された。ナショナリストのなかには、イタリアはまだほんとうには統一されていない、と感じている者もいた。実際イタリアは、(保守的な)自由主義派の寡頭政府による統治下にあった。投票権は制限されており、カトリック派は、中部イタリアに対する教皇庁の支配を潰す形で統一がなされたがゆえに、選挙への参加を拒否していた。おまけにイタリアは、一八九六年にはアビシニア(現エチオピア)で軍事的敗北を喫し(第一次エチオピア戦争)、議会にはスキャンダルがあり、北部では労働者の不穏な動きが、南部では貧農による大土地所領の占拠があり、そして一九〇〇年には、国王(ウンベルト一世)の暗殺が生じた。

一九〇一年から首相となった進歩的自由主義者ジョヴァンニ・ジョリッティは、不穏な動きを抑圧しても効果はないと確信して、みずからの政府への、穏健社会主義者とカトリック派の取り込みにかかった。「非愛国的」社会主義者へのジョリッティによる交渉開始に、ナショナリストたちは憤慨した。一九一〇年、彼らは糾合してイタリア・ナショナリスト協会を結成した。この団体は大企業や官僚機構、学者たちから支持を取り付けていたが、その参加者の多くは中流階層の人びとで、法曹や、とくに教師が多く、そのなかには将来ファシズムの哲学者となるジョヴァンニ・ジェンティーレもいた。教師こそは、イタリア人を「作り上げる」闘いを引っ張ってきた人たちであった。

イタリア・ナショナリスト協会は、一九世紀の偉大な愛国者マッツィーニ流のナショナリズムを喚起したが、そこから自由主義的な人間主義は取り除き、国民的統一は権威国家によってのみ完遂されうる、と説いた。統一の完遂は、社会主義組織の廃絶と、イタリア国民に忠実な、新たな協調的組合団体への労働者の登録とを、必然的に伴うとされた。

イタリア・ナショナリスト協会はまた、戦争を通じての国民の改造を望んでいた。知識人のエンリコ・コッラディーニは、「女性的な」自由主義的インターナショナリズムに対して、「男性的な」質実剛健さに道を譲るように、と唱えた。彼は戦争を、明確な外交政策目標を達成する手段とか、あるいは市場と原料資源とを確保する手段としては評価せず、そうではなく戦争とは、愛国主義の永続的な表現を通して全階級を国民として統合する手段である、とした。

このイタリア・ナショナリスト協会と、革命的サンディカリストという労働組合運動家たちとの間には、ある種の共感が存在した。サンディカリストの知識人たちのなかには、ストライキ運動の失敗から、現代イタリアでは社会主義は不可能だと確信する者も出ていた。彼らは、プロレタリアートが権力を取るためには、まずもって真正の国民国家が創出されなければならない、と主張し、その目標を達成するには戦争が助けになろう、と考える点でナショナリストと一致した。いずれにしてもサンディカリストは、プロレタリアートよりも「人民」に信を置くことがしばしばであった。つまるところムッソリーニは、こうした考えからも引き継ぐところがあった。

ドイツ

ドイツもまた、一八六六年から一八七一年にかけて、プロイセンの軍隊のおかげで「上から」統一された。統治はエリート主義の保守派ナショナリストと、自由主義者の右派によってなされたが、彼らは、反カトリック、反社会主義、反フェミニズムの考えを抱いていた。

ドイツは不完全にしか統一されなかったのだ、という信念は広まっていた。ユリウス・ラングベーンが一八九〇年に匿名で出版した『教育家としてのレンブラント(*Rembrandt als Erzieher*)』は、「民族至上主義的(フェルキッシュ)」な考え方の完璧な事例である。すなわち、エスニックという点でたがいに結びついている人びとのなかに根を張ったナショナリズム、という考え方である。ラングベーンは、このオランダ人の巨匠は、その仲間の同郷人たちと同様に、人種という点では実質的にドイツ人だ、と信じていた。そしてこの混乱した本は、レンブラントを、新たなドイツ宗教改革の教師として描いていた。

ラングベーンは、素人のジェネラリストを縮図的に体現する人物であった。すなわち彼は、専門分野への学問の「分化」に対して不満を抱いていた。彼は、科学・学問を芸術と結合させることを推奨し、人種の心理的現実からの情報をとらえた歴史によって、無味乾燥の専門的な歴史を置き換えよ、と勧めている。彼は、同時代の優生学を引き合いに出し（もしベルリンのバーが公衆浴場に置き換えられたなら、社会主義は綺麗さっぱり洗い流されるだろう、と見なしている）、同時にまた、「民族（フォルク）」に根を張っている英雄芸術家という神話にも訴える。そうした英雄こそが、スピリチュアルな再生をもって政治的統一を完全なものにしてくれるのだ、と。

ラングベーンの新たな宗教改革は、政治的分裂の廃棄、よりいっそう「男性的」（そして異教的）なゲルマン的キリスト教、そしてユダヤ人を「毒」扱いすることを、求めるものであった。ラングベーンの本は、実によく売れた。ラングベーンの瀆神的な考え方や、プロテスタントの農民こそドイツだと見なす考えにもかかわらず、カトリック派ですら、彼の本による進歩思想批判を歓迎した。

一九二〇年代末になると、ラングベーンの本はふたたび売れ出した。とくに、他のより一般的な急進右翼の人びとと並んでラングベーンは、アジアやアフリカでの伝統的な帝国の野望ではなしに、むしろ「レーベンスラウム（生存圏）」という観念とも結びつけられた、東ヨーロッパへの膨張というナチによる転換を先取りしていた。ラングベーンが示した企図は、人種論的・社会的・優生学的な技術的開発の計画と、ドイツがアメリカやイギリス、ロシアといった競争相手と経済的にも軍事的にも競い合える勢力圏を発展させなければならない、という考えとを、結びつけるものであった。

多くのエリート保守派が、急進右翼の計画を真面目に採り上げていた。彼らもまた超国家主義者たちの敵をやはり敵と見なし、女性解放反対同盟や社会民主主義反対帝国同盟に加わった。彼らは、ナショナリストによる煽動を物質的な利益の擁護と結びつけた。たとえば、保護関税への農民の支持を取りつけるために、彼らは、ポピュリストで反社会主義、反ユダヤ主義の農業家同盟に資金を出し、また、ポーランド人を犠牲にして東方に新たな農地を確保するための宣伝工作として、東方進出協会に資金援助したのである。彼らは、急進的なナショナリスト以上に、ヨーロッパ外の帝国を優先的に重視した。大企業、裕福な専門家たち、そして政府の官僚が、パン・ゲルマン同盟や海軍同盟を支援したのは、植民地主義がドイツ国家を強化し、市場を押し広げるという信念を持ってのことであった。

民衆の間でのナショナリズムも、また重要である。農業家同盟は一部、農民たちのさまざまな組織から構築された面があった。たとえば「農民たちの王」と称されたオットー・ベッケルによって率いられた組織がその一例で、それは農民が抱える諸問題について、ユダヤ人や都市、司祭、医師、国家、そして貴族たちを非難するものであった。ドイツ保守党は、一八九三年にティヴォリで開催された大会において、こうした不満を抑えることができるのではないかと期待して、みずからの基本方針に反ユダヤ主義を採り入れたのである。

同様にして、保守派政府が一八九六年に海軍の建艦方針を打ち出した際に、政府は宣伝広報の点で、パン・ゲルマン同盟を当てにした。もっともパン・ゲルマン主義者たちは、カトリックとイギリスへの攻撃という点で政府が望むより以上に、先に進んでしまった。一九〇二年までにはパン・ゲルマン主義者たちは、ハインリヒ・クラースの指導のもとで、国家の基礎は君主にあると同時に「民族(フォルク)」のなかにある、と考えるようになっていた。一九一三年に、クラースは、ただ一人の強力な指導者こそがドイツを救えるのだ、と主張したが、その綱領はみずからのパンフレット『もし予が皇帝であったならば（*Wenn ich der Kaiser wär*）』（一九一二年刊）にまとめあげていた。

ロシア

一九〇五年革命の際に、ロシアの保守派は、社会主義と民族的分離主義の攻勢に反発して行動した。ロシア人民連合は、むしろ黒百人組という名の方がよく知られているが、この革命はユダヤ人の仕業だという妄想を共有していた行政当局や皇帝その人によって、支援を受けていた。当局による黙認のもとで黒百人組は、数百回のポグロム、つまりユダヤ人襲撃を引き起こし、三〇〇〇人以上のユダヤ人が殺害された。黒百人組は、旧来の右翼との協力があったにもかかわらず左翼にうまく対処できない皇帝の無能に愕然とし、「人民独裁政府」を樹立したいと望むようになった。

イギリス

一九一四年以前のイギリス保守党は、ひどく分裂した状態にあり、少数ながらあからさまな超国家主義者も含まれていた。一九〇六年の自由党の勝利、貴族院における保守派の勢力後退、そして福祉国家の導入は、労働党の台頭や、ストライキ運動、女性投票権要求行動などとも並んで、革命の前兆であるかのようにみえていた。アイルランド自治法の成立（一九一四年）は、連合王国の解体を予兆しているようにみえた。アイルランド自治法に対する北アイルランド、アルスター地方の抵抗は、その地の急進的なナショナリズムを活性化させ、保守派の多くはそれに共感を寄せていた。ユダヤ系のドイツ人金融家が国富の強奪をしているのだ、とする者がいた一方、ロンドンのイースト・エンド地域では、四万五〇〇〇人の会員を持つ「兄弟同盟(Brothers League)」という組織が、ロシアのポグロムから逃れてきていたユダヤ人たちを襲撃した。

急進右翼からファシズムへとつながったのか?

以上の一覧は、もとより不完全なものではあるが、急進右翼の運動と思想が広がっていたことを示している。それらは、やがてファシストたちが利用するモデルとなったものであるが、しかし直接の先駆をなしたものではなかった。ファシストが発想を得るために目を向けたのは、急進右翼だけではなかったであろう。急進右翼はイタリアやドイツでよりも、ファシズムが決して勝利しなかったフランスで、おそらくはより強力であった。ドイツでは、一八九〇年代のポピュリスト農民団体への支援と、のちのナチスへの支持との間で、明白な地理的相関性はなかった。

急進右翼とファシズムとの間には、重要な差異が存在していた。おそらくフランスを例外として、急進右翼はみずからが権力を取ることを滅多に望んでいなかった。たいていの場合には、急進右翼は既存体制を強固にすることを求めていた。街頭でみずからの敵と戦った活動家もいるにはいたが、しかし、どの急進右翼団体も、戦間期のような擬似軍隊的な組織を持っていたわけではなかった。フランスで一九〇〇年代に、主要な極右団体であったアクシオン・フランセーズは、よく規律化された少数者に信を置き、彼らによるクーデタを期待した。それこそが王政を復古させ、秩序ただしい政府を構築するであろうと期待し、また、彼ら少数者こそはカトリック教会や古典美学と一体のものだ、と信じていた。

第一次世界大戦と講和の諸条約、戦間期の経済的困難が、根本的に状況を変化させた。国境の修正についての前例のない好機が開かれた。ドイツにとって、新たな社会主義政権によるいわゆる「背後からの一撃」(裏切り)が絶好の機会を奪い取らない限り、ロシア帝国の崩壊は「生存圏」の獲得を可能なものにしてくれる、と思われた。他方、大戦における同盟諸国の敗退は、ルーマニアやイタリアやフランスなどが、ドイツやオーストリア・ハンガリー帝国領土の一部を要求しようとする動きを促した。それは、必ずしも満たされなかったが、しかしまた敗戦国の憤慨を引き起こすものでもあった。同時に、ロシア革命の勃発が保守的なヨーロッパに大きな不安を引き起こした。とくに、ハンガリーやフィンランド、フランスやドイツでも共産主義運動がつぎつぎと生じていただけに、余計であった。共産主義は、資本主義の解体を約束していただけでなく、家族の解体をも唱え、ヨーロッパ全域で、少数民族の大義を採り上げていた。

しかしここでもまた、反共産主義からファシズムへの直接の結びつきはなかった。むしろ反対に、悩まされた政府は戦争努力への支持を獲得しようと狙って、ナショナリストや農民たち、社会主義者や女性たちに対して実質的に譲歩した。戦争が終わると、ヨーロッパ各地での民衆の不満や叛乱が、政府にとっていっそうの脅威となったが、それでも政府の対応は、通常は民主主義を強化することであり、またいっそうの譲歩をなすことであった。

ドイツやイタリアやその他のところでも、こうしたあちこちからの脅威に対して新たな大衆運動が起こされ、保守派はこれらの脅威に対して譲歩しすぎではないか、と非難した。これらの新たな集団は、復員兵士の集団から形成されたこともあって、しばしば擬似軍隊的な性格を持ち、戦争や内戦で暴力的になっていた民衆をひきつけていった。退役した兵士たちが皆、力の崇拝者になったわけではないし、多くは平和を求める人たちであった。しかし、〔イタリアの〕ファッシ・ディ・コンバッティメントのような運動の出現は、明らかに大戦の生み出したものであった。

戦時の政府による介入はまた、科学や、国家計画や、住民を扱う技術によって、国民的な偉大さを回復させることができるのではないか、という政治家や知識人やジャーナリストらの確信を強めることにつながった。これは、競争的な国際状況のなかでは、国民には生存をかけた闘争が必要だ、という社会ダーウィニズムの考え方と接ぎ木された思想であった。国民としての強さを保つ手段には、関税障壁に守られた経済的な自立、社会主義の制圧と労働者の国民共同体への組み込み、国民のために子づくりをすべき女性への励まし、そして少数民族の同化ないし追放、これらが含まれていた。

第一次世界大戦の勃発とそれに伴う危機とを考慮せずには、ファシズムを理解することはできない。また、戦争や革命の経験は国境を越えるものであり、それらは共通の思想を用いて理解されるものであっただけに、イタリア・ファシズムと似た運動がファシズムという名を使わずとも、いくつもの国で多少とも相互に独立的に生じたとしても、驚くべきことではない。いかなる国民的伝統も、こうした展開に対して免疫があったわけではない。

では、なぜイタリアではファシズムが権力を取ったのだろうか。イタリアは戦勝国であった。それに対してドイツは、敗戦国である。たしかにイタリアは、自分たちの勝利は「〔国土未回復によって〕損なわれている」と主張したが、しかしそれは、フランスのナショナリストたちもまたすぐに主張したところであった。大戦後のイタリアにおける経済危機は、ドイツやイギリス、あるいは合衆国における大恐慌ほどには、おそらく深刻ではなかった。権力の座につく直前の時期においてイタリア・ファシスト党は、決して権力に近づくことなどなかったその他の党ほどの党員数も、持っていなかった。特定の状況についての分析のみが、問題を解くことができるだろう。すべての国において、なんらかの形でファシズムのある側面を先取りしていた女や男がいた。彼らはなぜ、いくつかの国では民主主義への強い脅威となり、別の国ではならなかったのであろうか。

第3章 「拳で歴史をつくる」イタリア

ローマ、一九二二年一一月一六日

部屋にはわずか三二名のファシストしかいなかったにもかかわらず、ムッソリーニは、自分の新たな政府は議会による承認を獲得するだろうと、まったくの確信を示していた。ジャーナリストたちの目には、彼が意志と決意の人物といったポーズをとりつつ、おおらかな雰囲気を醸しているように思われた。彼の武装護衛は、みすぼらしい恰好をしていたが、彼自身は明らかに、贅沢なホテル住まいを楽しんでいるようであった。

実際のところファシズムが何を意味するものなのかは、不明確であった。黒シャツの男たちが「ローマ進軍」を劇的に実施したのは、ムッソリーニが自由主義国家で贅沢な暮らしをするもう一人の首相になるのを見るためなどではなかった。彼らは、徹底的な「国民革命」を期待していた。しかしながらムッソリーニは、黒シャツを着た「行動隊(squadristi)」だけに依拠して首相になったわけではなかった。というのも、統治者の地位にあった自由主義派の政治家たちは、黒シャツの行動隊が首都ローマに到着するより以前に、すでにムッソリーニに首相の座を提示していたからである。はたしてどちらが優勢なのであろうか、黒シャツの男たちか、それとも保守派であろうか。

それにムッソリーニ自身もはっきりしない。彼が『タイムズ』紙の記者に語ったところでは、彼は貧しい者たちの生活水準を改善したいと考えており、ブルジョワジーは店舗に入ったときなどに、予期せず嫌な思いをすることになろう、という。また、別の情報は、彼は自分が「反動派のプリンス」だと明言し、警察担当の特別大臣を置くといっていたとか、あるいは、新たな国民共同体のなかで彼の意志に民衆を従わせるつもりだ、と述べたという。ムッソリーニは自由主義派の政治家たちを軽蔑していたが、彼自身の部下たちについても、やはり蔑《さげす》みの目でみていた。

ムッソリーニの議会演説も、事態をほとんど明確にはしてくれなかった。彼は、立憲統治は安泰であるとして、既存体制に保証を繰り返し与えた。しかしまた彼は、自分に特別の行政権力を与えることを拒否するのかといって、ファシストの革命家たちと一緒になって議員たちを脅した。事態の推移を見守っていた国内外の者たちは、なにか前例のないことがイタリアでは起こったのだと感じていたが、それがなになのかは分かっていなかった。

権力への上昇

一九一五年、参戦派が勝利して、イタリアは戦争に参加したが、しかし、その経験は期待したような国民的統一をもたらしはしなかった。イタリアの社会党は、他のヨーロッパ諸国の社会党とは違って、一貫して参戦反対の立場を守った。労働組合への加入者は増加し、ストの数も多くなった。六〇万人以上の犠牲者が出て、敗戦に次ぐ敗戦、士気の低下が軍全体に広まった。戦争はまた、いくつかの部門で男性の仕事を女性が行うようになった結果、男女間の通常の関係を逆転させたようにみえた。兵士たちが感じたのは、女性は戦争遂行を補助するよりも男の不在を利用する方に熱心なのではないか、という疑念であった。

一九一七年一〇月、カポレットでの敗退が遅ればせながら世論を強く刺激し、イタリアが最後まで戦争を継続することを可能にさせた。講和条約においてイタリアは、多くの領土をオーストリアから獲得したが、しかしそれは必然的に、ナショナリストが望んでいたようには多くなかった。激昂したガブリエーレ・ダンヌンツィオは、復員兵士たちの一隊の先頭に立ち、一九一九年九月、アドリア海沿岸のフィウーメ(現クロアチア領リエカ)の港を占拠し、一九二〇年一二月に排除されるまで、(イタリアへの併合を主張して)そこに居坐り続けたのであった(地図1参照)。

止むことのない社会不安は、ナショナリストの怒りをさらに掻き立てた。一九一八年から一九二〇年にかけて(「赤い年月」)、工場占拠をともなうストライキは北部の都市で常態化し、ポー川流域では農業労働者や農民がストを起こし、また南部では土地を持たない労働者たちが未耕作地を占拠した。国境地帯では、スラヴ系やドイツ系の少数民族が自治を要求していた。女性運動は、戦争遂行への協力によって活性化しており、議会の下院では女性投票権が承認されたが、まだ法制化には至らなかった。

一九一九年の総選挙では、社会党とカトリック政党とが地歩を大きく確保した。世俗の自由主義派は、カトリックからの支持を取り付けて一連の行政府を構成した。しかしこれらの政府は、ジョリッティの背後にあった強硬派と妥協派との分裂、カトリックと世俗派との、また参戦派と中立派との対立、といった分裂によって麻痺させられた。議会での各派再連立による危機の回避、という通常の手段は不可能であった。工場や農村での運動の頻発、エリート内部での分裂は、旧来の政治的対応を不可能にし、尋常でない流動的状況を生み出していた。選択肢は読みにくくなり、選択の結果がどうなるかも予測困難になっていたが、しかし人びとが非合理的になっていたわけではなかった。むしろ、ファシズムが成功したのは、議会での策動と民衆の動員との間にあった溝に、橋をかけたからこそであった。

一九二一年、イタリアでファシズムは、農業をめぐって社会不安にとらわれた諸地域で急速に台頭した。これらの地域で、若々しい農業ブルジョワジーが大挙して加入し始めたからである。所領管理人の息子たちや、小さな町の役人や教師の息子たち、その多くが復員兵士であった彼らは、社会主義者やカトリック派の組織運動と戦うための手段、政府がしそこなってきたことを代わってやる手段を、ファシズムに見出した。彼らは、多くの保守的な小農や土地を持たない農業労働者からの支持を得た。彼らは、当局は左翼から自分たちを守ってきてくれなかった、という点で意見が一致していた

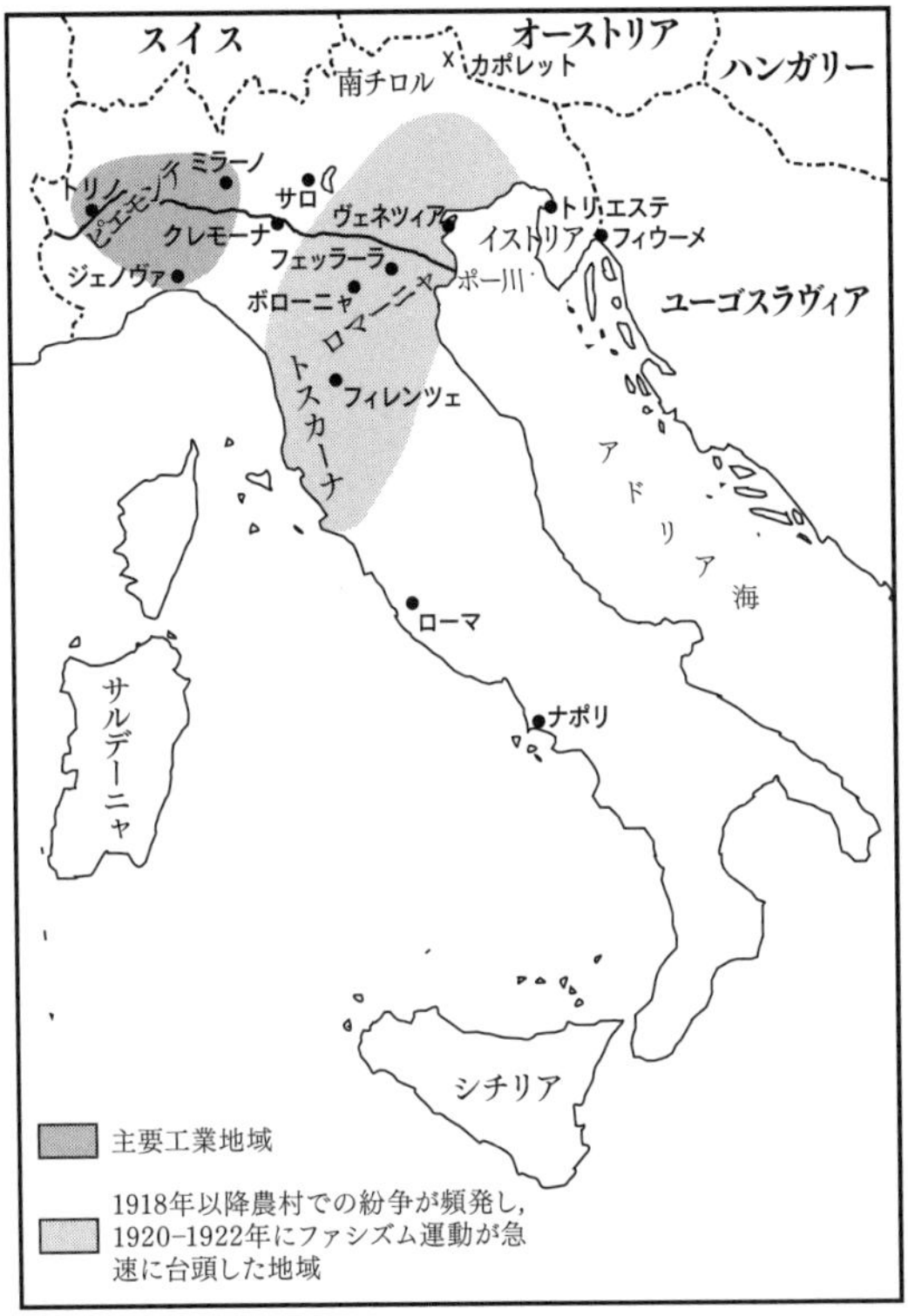

地図1　イタリア

のである。

イタリア・ファシストの行動隊は、カトリックや、とくに社会主義者に対して、暴力的な脅迫活動を開始し、それによって数百名の者が殺害された。他方でイタリア・ファシストたちは、ヴェネツィア・ジューリア地方のスラヴ系少数派を叩き、都市部にも勢力を伸ばして七月のゼネストを崩すことに手を貸した。一九二二年までにイタリア・ファシストは、多くの農村部で実質的に行政を奪い取り、二五万の加盟者を持つに至ったのである。


すでに運動内部には軋轢が存在していた。政府によるスト弾圧策〔の不徹底〕に失望した土地所有者や企業経営者たちは、ファシストの運動を激励し、行動隊を運ぶための石油燃料資金を提供した。他のファシストのなかには、こうしたブルジョワジーの「女性的」軟弱さを見下す者もいた。彼らは、戦争によって鍛え上げられ、そして国民の敵を負かすために必要であればなんでも実行する、そういう男らしいエリートが出現したのだ、と告げた。他者からすれば彼らもまたブルジョワジーとされたかもしれないが、しかしイタリア・ファシストたちは、ブルジョワジーの怠惰を激しく非難し、みずからを働く者たちの代表と見なしていた。自分たちこそが、国を統治し、新しいイタリアを創出する「能力に長けた」存在だ、と。

イタリア・ファシストは、保守的なナショナリストらと協力することもあれば、彼らと街頭で戦うこともある、そういう存在であった。ムッソリーニは、社会主義者とのあらゆる結びつきを断つことには、あまり気が進まないままであった。社会主義組織やカトリック組織が潰されるのを目の当たり

図2　ローマ進軍．ムッソリーニと配下の者たちは，1922年10月28日，ローマに到着した．最前列の左から右へ向かって，イタロ・バルボ，ムッソリーニ，チェーザレ・マリア・デ・ヴェッキ，エミーリオ・デ・ボーノ．

にして、金持ちたちはただ満足していたが、一方ファシストはといえば、自分たちの組織を作ることに着手していた。彼らは、農民や労働者の間にもあった保守的傾向という既存の要素を利用して、さらに、アメとムチという方法によっていっそうの参加を奨励したのであった。一九二一年末近くになって、イタリア・ファシズムは、（「戦闘ファッシ」を母体として）組織された政党、すなわち国民ファシスト党（ＰＮＦ）となった。党は、王政と自由経済を受け容れたが、これをみて保守派は胸をなでおろした。

一九二二年の夏、権力奪取しようというイタリアの草の根ファシストたちからの圧力が強まり、「ローマ進軍」（図２参照）の計画が立てられた。ムッソリーニは、クーデタのような実力行使はリスクが大きい、と知っていた。軍や、左翼の残党からの抵抗が、ありえるからである。

彼の勝利は、彼のみが大衆運動を議会政治に結びつけた、という事実から得たものだった。彼は、みずからのジャーナリスティックな発言を世界におけるイタリアの地位に関するものに限定することによって、注意深く国民的イメージを培っていった。そして、彼のライヴァルであったダンヌンツィオがフィウーメ遠征で信用失墜したことから、大きな利を引き出した。ムッソリーニこそが、大衆運動において権威を持つことのできた唯一の国民的人物であった。

自由主義派の政治家たちは、やっかいな選択に直面していた。彼らが抵抗したとしても、軍も警察もファシストと戦うことは拒否するであろう。たとえファシストが敗れたとしても、利を得るのは左翼となるであろう。ファシストは議会に少数の議席しか持っていないわけだが、しかし彼らを政府内に引き込むほうがまだましだろう、と考える点で、政界と実業界と軍部が一致した。左翼に対抗する当局の決意を、ファシストの参加がより強化し、イタリアという政治統一体はより活性化するに違いない、と。こうしてムッソリーニは、一九二二年一〇月三一日、首相となったのであった。

権力の座についたファシズム

行政当局と軍からの支持を保証されたイタリア・ファシストは、左翼の人びとを攻撃して処罰もされなかった。新しく成立した体制にイタリア人は「同意」を与えたが、それについて議論する場合にはいつでも、ファシストが敵と見なした人たちに行使した極端な暴力のことを決して忘れてはならない。

一九二三年、カトリック政党であったイタリア人民党は、ファシスト行動隊からの攻撃と、教皇による党への支持撤回という二重の衝撃のもとで崩壊した。ムッソリーニは教皇に対して、教皇によるファシスト党支持への見返りに、教会の地位を改善する約束をしていたのである。これ以外には、ファシズムがなにを表しているのか、不明であった。やや図式的ではあるが、われわれは、三つの可能性を取り出すことができるかもしれない。もっとも現実には、どの派と同盟関係が結ばれたかは、論点の先鋭さに応じて変わるものであった。

ファシスト党が政府内に入った今や、左翼の弾圧と自由経済の承認で安心した保守派から、多くの者が入党した。彼らは、ムッソリーニが秩序を再建し、それによって「平常化」が実現するだろう、と期待していた。彼らは旧体制のさらなる権威主義的な編制を望んでいたが、それでも、彼らの影響力維持にとって本質的なものとして、議会制の政府と一定の政治的自由とを信奉していた。

一九二三年、イタリア・ファシズムはまた、イタリア・ナショナリスト協会を吸収合併した。この協会は、いっそうの権威主義的国家を期待し、カトリック勢力をネイション内部へと組み込むことを、以前から強く主張していた。彼らは、乱暴で無法なファシスト行動隊に夢中になるようなことはなかったが、しかし彼ら自身でも同様の集団を作り出していた。

その他のイタリア・ファシストのなかには、既存政治家たちに取って代わる「第二革命」を呼びかける者もいた。こうした急進派には、革命的組合主義を唱える知識人たちや、ファシストの労働組織リーダーたち、フェミニストたち、権力が欲しくてたまらない地方政党ボス、さらには経済近代化を進める人びとに至るまで、さまざまな人びとがいた。

独裁体制

ムッソリーニは、どのような派にも明確には与《くみ》しなかった。しかしながら彼は、一九二四年の総選挙でファシスト党が議会多数を勝ち取るために、まず選挙法を作り直した。選挙運動中にもイタリア・ファシストは、社会主義者に対してふたたび暴力を行使したが、しかし今回は行きすぎて、社会主義者の代表的人物であったジャコモ・マッテオッティを殺害してしまった。ムッソリーニもこの犯罪に関わっており、それまで彼を支持してきた自由主義者の間からも、抗議の声が上がった。最初はムッソリーニも、批判者たちに対して譲歩の姿勢を示したが、しかしそれは、かえって「第二革命」への呼びかけをさらに強めることになった。ファシストの労働組織は経営者に対する圧力を激しく繰り返し、ファシストの女性たちは投票権要求をまた新たにしたのであった。

一九二五年一月、ムッソリーニは急進派からの圧力に従って、純粋なファシズム体制の樹立を進める、という意図を表明した。しかしながら、イタリア・ファシズムの内実は依然として多様なままであった。というのも、ムッソリーニが倒れた場合に左翼が復活するのを恐れる保守派の人びとが、依然として党を離れなかったからである。しかしその年の終わりまでに、政治的反対派の存在は禁止され、出版の自由は廃棄され、地方自治体での選挙は廃止された。

イタリア・ファシズムは独裁的になったが、しかし内部での派閥抗争は続いた。イタリア・ナショナリスト協会から入ってきた者たちは依然として力が強く、彼らは、規律と階層秩序を通じたイタリア人の国民化とブルジョワ社会の修復とが必要と考え、それらを果たすため、強力な国家を欲していた。ドイツ哲学からの影響のもとで彼らは、強力な国家が国民的利益を表出しているところにおいてのみ、個人の自由が意味を持ちうるのだ、と主張した。ナショナリスト協会は、行政や軍、公務への党による監督、という要求には反対していた。彼らは、ファシストは法を作り出すよりも法に従うべきだ、と強く主張していたのである。

ナショナリスト協会の中心にいて信念の人であったルイージ・フェデルゾーニは、（一九二四年から）一九二六年に内務大臣として、同じくアルフレード・ロッコは一九二五年から一九三二年まで法務大臣として、体制の基盤作りに寄与した。イタリア・ファシストによる暴力は次第に止んでいった。「上から動員された国民」というイタリア・ナショナリスト協会の夢を実現するための試みとして、国家は国家自身による青年組織や女性組織を設置した。王政や大企業、農業家たちを含めた既存の確立した利害関心が、多くの影響力を保つことになった。一九二九年にムッソリーニは、教皇に対する彼の約束を果たすことになった。ラテラーノ協定によって、（一八七〇年のイタリア王国によるローマ占領と併合以来）六〇年間にわたった教皇のイタリア国家への敵対は終了し、カトリック教会には、教育や若者への働きかけにおいて大きな権利が認められたのである。

クレモーナのリーダーであったロベルト・ファリナッチが示していたような、残忍で草の根的な農村ファシズムは、勢力を弱めた。一九二〇年代末までには、ファシストのイメージとして優勢なのは、「かまうもんか」といって社会主義者に殴りかかる若い独身の男、というものではもはやなくなり、新たな国民国家建設のために九時から六時まで働く責任ある夫にして父、その妻はイタリアのために子供たちを産み育てる、というものになっていた。一方この間に、イタリア・ファシズムをフェミニストとしての要求実現のための手段とみていた者たちや、あるいは自律的労働組織に基づくコーポラティズム的な協調的経済の実現手段とみていた者たちは、不満を抱えることになった(第9・10章を参照)。

しかしながら、急進的ということの意味が新たに変わっていったとしても、イタリアではファシスト内の急進派は決して脇に追いやられることはなかった。イタリア・ファシズム体制は、戦間期ヨーロッパでかなり共通していたような王政官僚的独裁体制(第6章参照)には、決してならなかった。ムッソリーニは、そのような体制はまったく望まず、保守派を抑えるための梃子としてファシスト党を活用した。一方、党は独立的であり続けており、動員された国民のための、福祉・教育・余暇活動の統制に関わろうとし続けたのであった。

いまや党書記長となったファリナッチは、両義的な役割を果たしていた。中央集権化した独裁体制への支持は、地域的なファシスト急進派の行動の自由を、意図せずして狭めることになった。しかし同時にファリナッチは、政府の官僚的なやり方など飛び越して、新たな支配階層を創出するように党を奨励していた。じきに彼は地位を逐われたが、しかし後任のアウグスト・トゥラーティもアキーレ・スタラーチェも、より用意周到に同様な目標を追求した。

その予期せぬ結果として、党はもう一つの余計な官僚機構のようになり、党という切り札が、国家公務員における昇進の必要条件となった。公務員たちは、ファシストの理想に対してしばしばリップサービスをしたにすぎなかったが、しかし肝要な点は、ファシズム国家における権力への接近が、通常の官僚選抜や訓練といった方法だけでなく、イデオロギー的な従順さがあるか否かによって決定づけられるようになった、ということである。一九三二年にムッソリーニは、ファシスト政治学院(一九二八年創立)の卒業生を国家の職に就けるよう要求した。イタリア・ファシストは、規則よりもむしろイデオロギーを、国家の行政基盤とするよう望んだのである。

実際には、冷ややかな睨みあいが存在していた。党だけでなく、大企業、教会、国家、軍、ファシスト労働組合、労使協調団体、これらが、ファシズム体制下のイタリアで、いくつもの半自律的な権力中枢を形成していた。それらの間には、競争や混同が多くみられた。たとえば、ファシストによる労働者の余暇組織であるドーポラヴォーロは、国家組織として出発したが、しかし一九二七年には党が、ファシスト労働組合の労働者に対する影響力を抑えるために、これを支配するようになった。しかしそれでもなおドーポラヴォーロは、労働者の忠誠心をひきつけるために、カトリック系の組織やファシスト労働組合と競い合わなければならなかった。同様の抗争は、女性組織や青年組織の展開をめぐっても生じたのであった。

統帥《ドゥーチェ》ムッソリーニは、あらゆる抗争にみずから決着をつける役割を望んだので、真夜中になるまで書斎で、国務の書類に注意深く目を注いだものであった。一時、彼は名義上八つの省の長を務めた。もちろん現実には、すべてを彼自身が決することはできなかった。彼の関与は無計画になされ、準備も不十分であったので、他の者たちが行動する余地は大きく残されていた。

しかし、にもかかわらず、ムッソリーニは体制にとって肝要な存在であった。彼が行使しようとすれば、その力は巨大であった。彼は、部下の誰よりも圧倒的に人気があり、誰も、統帥に直接盾をついて危険を冒そうなどとは、思いもしなかった。ムッソリーニの権力は、外交面においてとりわけ強力であったが、これは、彼自身が明確に自分のものとして選び取った分野であった。一九三〇年代には、戦争に向かう動きが、それまでとは異なる性質の体制急進化の展開を告げることになる。

ムッソリーニによる対外的な冒険主義は、三つの要因からもたらされたものであった。第一にイタリア・ファシストは、新たな領土の獲得を、経済問題解決の最良手段と見なし、戦争は国家にとって本質的に良いものだと考えていた。

第二には、外務省のファシズム化が、その慎重派を打ち破って実現したこと。ムッソリーニの外交政策は、ファシズム以前の時代にも先例があったものだが、しかし今度は、ファシストのイデオロギーによって位置づけられることになった。膨張主義政策は、国家間のダーウィニズム的な生存競争と、イタリアにとっての過剰人口の生存圏を見出す必要性とによって、正当化された。

第三に、ヒトラーの権力掌握が、状況を転換させたこと。はじめのうちムッソリーニは、ドイツを危険な競争相手と見なしていた。それまではイタリア・ファシズムを賞賛していた外国の諸運動に対するナチの影響力を、彼は疎ましく思っていた。彼はまた、ドイツの膨張主義を懸念してもいた。というのも、もしヒトラーがオーストリアを第三帝国に併合した場合、イタリアの南チロルにおいてドイツ語を使う少数民族がヒトラーの視野に入ってくるのではないか、と恐れたからである。

しかしイタリア・ファシストのなかには、ドイツとの影響関係を逆転させて、より急進的な政策要求を正当化しようと、ナチズムを引きあいに出す者たちもいた。さらに、ムッソリーニ自身もまた、地中海やアフリカにおける英仏の利害に対抗してイタリアの力を拡大する唯一の道は、ヒトラーとの同盟構築にある、ということにじきに気づいたのであった。イタリア軍は、一九三五年にアビシニアに侵攻したが（第二次エチオピア戦争）、それを支持したのはドイツのみであった。

イタリア、ドイツの両体制は一九三六年に枢軸同盟に調印し、翌年ベルリンを訪問したムッソリーニは、こう明言した。「ファシズムとナチズムは、同様の歴史状況から由来する二つの政治表明であり、それこそが、わが両国民の生命を一つに結び合わせるのだ」と。イタリアのファシストとドイツのナチとは、いずれも、スペイン内戦（一九三六―一九三九年）においてフランコ将軍側に立って戦った。

一九四〇年、イタリアは、ドイツ側の勝利が明確になったところで、フランスへの侵略に参加し、そして同年秋にはギリシアに侵攻し、エジプトへも進軍を開始したのであった。

国民を戦争へと準備させつつ大恐慌に対応し、ドイツと同盟を結ぶことを通じて、イタリア・ファシストにとっての優先順位が変わり、内部の派閥にも変化が生じた。経済的な自立を達成するために、ファシズム体制は経済的規制を強化し、私生活への介入も強めた。人びとは、輸入したパスタを食べるよりも、国産の米を食するよう奨励された。ムッソリーニは、スパゲッティを食べているような国民では決してローマ文明を復興させることはできない、と声明を出す。

他方、国有事業体である産業復興機構（ＩＲＩ）が、倒産企業への事実上の統制介入を実施した。さらに一九三六年には、大銀行が国有化された。これらの方策は、大企業そのものを脅かすものではなかった。実際、きわめて大規模な利害関心が、より小さな競争者たちを犠牲にして優先された。それでも、ファシストの権力上昇を支援することで回避しようとしたはずの国家統制に、企業経営は悩まされることになった。

戦争はまた、人びとを動員しようとする努力をいっそう強化させた。一九三一年から一九三九年まで党書記長であったスタラーチェのもとで、党は「大衆のなかへ」と進出し、膨大な数の女性や学生を組織した。スタラーチェは、大衆を動員してムッソリーニ礼賛の儀礼式典を組織化し、ドーポラヴォーロによる労働者の余暇規制に特別な関心を示した。すでにアビシニアへの侵攻は、体制が人種差別的となりうることを示していた。
ルーマニアとハンガリーの友党に対するドイツの影響に対抗するために、ムッソリーニは、それらの地の反ユダヤ主義者との連携強化を試みた。一九三八年、イタリアでも反ユダヤ的な法律が導入された。それは、ナチズムの模倣であると同時に、競争心からのものでもあった。多くの者は、反ユダヤ主義に疑念を抱いていたが、それでもやはり体制は、のちになってホロコーストに加担するのである。

これらの措置の背後に全体主義的な意図があったことははっきりしているが、しかし、現実に達成されたものはほとんどない。政策は行き当たりばったりで、いずれの場合にも、イタリアは、社会生活を全面的に規制するのに必要な基盤に欠けていたようにみえる。しかも、体制側の観点からしてさらに悪いことには、「大衆のなかへ」という掛け声は、企業や教会や国王に警戒心を抱かせた。しかもこの戦略は民衆をつかむこともできなかった。戦争が敗北や爆撃、食料不足をもたらして、不満がいっそう高まったからである。プロパガンダと現実の成果とのギャップは、明白であった。

イタリアの戦争行動は、風采の上がらないものであった。そもそも戦意があまりなかった。ギリシアや北アフリカでムッソリーニの軍隊を救出するのに、ドイツ軍の支援が求められた。一九四三年、連合国軍がイタリアに侵攻すると、ファシズム大評議会と国王は、ムッソリーニを失脚させようと暗躍した。イタリアは、北部をドイツ軍が、南部を連合国軍が占領し、戦場と化した。統帥ムッソリーニは投獄されたが、すぐにドイツ軍によって救出され、ドイツ軍のもとで彼はイタリア北部に「サロ共和国」を立て、その首長となった。頑強な戦争継続派は、ナチズムの強い影響下にファシズムを「純粋」形といわれるようなものとして実践しようとし、レジスタンス側との武装闘争を展開した。ファシストとレジスタンス、どちらの側も、強固な戦意を示したのであった。

第4章

「人種国家」ドイツ

ドイツ、一九三三年三月二三日

帝国議会《ライヒ》（国会）初日の本会議は、ベルリン中央部のティーアガルテンにあるクロル歌劇場で開催された。その数週間前に、国会議事堂が焼失してしまっていたからである。議場内部では、大統領と内閣が位置する壇上の背後に、巨大な鉤十字の旗が下がっていた。議場に入るために議員たちは、建物前の広場に密集していた鉤十字印を身につけた横柄な若者たちからの攻撃に、耐えなければならなかった。彼らは議員たちに向かって、「中央党の豚野郎」とか「マルクス主義者の雌豚」とかと、大声で罵詈雑言を浴びせかけていたからである。共産党の議員たちは、議事堂焼失に党が関与していたという難癖をつけられて、すでに投獄されていた。何人かの社会主義者も収監され、別の何人かは建物に入ろうとしたところで逮捕された。議場ではナチの突撃隊員が社会主義者の議員の背後に並び、出入り口を固めていた。

帝国議会に提出された議案はただ一つであった。すなわち、たとえ法律が憲法に違反する場合でも、議会の承認を必要としない立法権を首相に認める、という法律である。この法律は憲法改正を必然的に伴うものであったので、議員の三分の二の賛成が必要とされた。したがってナチは、保守派の支持を必要としていた。法案の説明に立ったヒトラーの演説は、議会の存続や、保守派の象徴である大統領ヒンデンブルクの地位は脅かされることはない、として、保守派を安心させるものであった。保守派はこの「全権委任法(授権法)」に賛成投票するであろう、と考えられていた。

厳しく威圧するような険しい様子ではあったが、ヒトラーは、つねならぬ冷静さをもって声明を読み上げていた。わずかに、国会議事堂放火犯人の公開処刑を要求するくだりと、社会主義者に対する暗い脅しを口にした時だけ、有名になっていた彼の熱狂的な調子が表面に出てきた。その演説が終わると、ナチの議員たちは「世界に冠たるドイツ」と大声で叫び立てた。

反対演説に立った社会主義者オットー・ヴェルスは、「人間性と正義、自由と社会主義という原理」について、勇気をもって喚起した。フランス大使が記憶していたところによれば、ヴェルスは、打ちひしがれた子供のような調子で演説した。激しい感情から詰まったような声になりながら、ヴェルスは、すでに強制収容所や監獄に囚われている人たちへの思いを述べて締めくくった。夢中になってメモを取っていたヒトラーは、社会主義者こそが一四年間もナチを迫害してきたではないかと非難

図3 フィレンツェのファシスト殉死者の墓で写真におさまるヒトラーとムッソリーニ，1938年10月10日．

して、激烈に反論した。事実は、ナチへの処罰はあったとしても、その法律違反行為に対しての軽い程度のものであった。社会主義派の議員からヤジが飛んだが、彼らの背後に控えていた突撃隊は、「お前ら今日こそ縛り首だぞ」と、ひそやかに呻いた。

全権委任法は、社会主義者の九四票の反対に対して四四一票の賛成で可決された。それは法の支配の終焉を告げ、総統《フューラー》の意志に基づいた新たな類いの権威に基礎を与えるものであった。実際にそれは、帝国の敵と考えられた者を弾圧し、「ドイツ人民のより高次の利益」のためにナチが思う通りに行動することを許すものであった。社会主義者たちが次の犠牲者であった。

ナチズムとファシズム

ヒトラーとムッソリーニの権力への道に共通点があったことは、明らかである。左翼に対する擬似軍隊的な脅迫や暴力、保守派との取引、議会制に基づく政治体制の存続という保証、これらは、いずれでも同じように結びつけられていた。権力の座につくまでは、ナチよりもイタリア・ファシストの方がひどく暴力的であったが、権力を取ったのちにはナチの方が、予想できないほどの暴力を示すことになった(図3参照)。

ナチズムはファシズムの一形態なのかどうか、という問いは、それらの定義によって違ってくる以上、解答は永遠に不可能であろう。人種的純粋性を求めて突き進むナチの姿勢は、イタリア・ファシズムとの共通性を強調する見方によっては説明できない。

それでも、ナチズムとイタリア・ファシズムとの類似性には説明が必要である。経済的・社会的構造や思想は国境を越えるものであり、したがって、さまざまな国の政治家たちは同様の問題に同様の仕方で対応していたのだ、という事実から、そうした類似は由来している。総力戦の経験は一国家に限られたものではなかっただけに、その後、さまざまな国においてそれぞれのかたちで擬似軍隊的な、ナショナリストの、反社会主義的集団が台頭したとしても、驚くべきことではない。その後に、思想や政策の国際的な交流が、直接の訪問や新聞報道、翻訳などを通じて引き続いた。ムッソリーニによる権力奪取は、たちまち、イタリア・ファシズムを真似るべき偉業としたのであった。

イタリア・ファシズムを真似たものは、どれも元のイタリアのものと同一ではなかったが、しかし国による違いは、トランスナショナルな一定性と共存しうるものでもあった。一例を挙げれば、それらの運動の主要な目標は、国境で囲まれた国家内部において、その他の全国的な運動と競い合って、権力をつかむことであった。

しかし政治の動きを規定しているものは、国によって異なっていた。たとえばイタリアは、男性普通選挙に基づく立憲王政であったが、ドイツは女性も投票権を持つ共和政体であった。こうした違いに応じて、政党の位置づけも異なっていた。別例を挙げるとすれば、多くのファシストは、いろいろ留保は付けていたとしても、ネイションこそは社会的連帯の第一の優先的様式だ(むしろ、そうあるべきだ)、と信じていた。したがって彼らは、たとえ彼らの思想が現実には多様な源泉からの借用であった場合にも、みずからを「ナショナル」なものとして打ち出そうとしていた。また、ドイツのナチとイタリアのファシストの間には、模倣と並んで対抗心があったことも後段でみるだろう。

権力への上昇

敗戦のさなかにおける帝政の打倒とヴァイマル共和国の設立は、巨大な政治的・社会的動員の高まりの一部をなすものであった。そのなかには、イタリア・ファシズムともよく似た、しかしそれとは独立的に別個に台頭してきた集団も存在していた。たとえば、「ドイツ義勇軍(Freikorps)」がその一例で、それは社会主義者や共産主義者、ポーランド人やその他の民族に対抗して戦うために、復員兵士を集めたものであった。一九二〇年三月、パン・ゲルマン主義者ヴォルフガング・カップは、義勇軍のエアハルト海兵旅団をベルリンへと進撃させてクーデタを起こそうとした。のちにナチは、義勇軍こそは啓示のような刺激だった、と主張することになる。

激しい反共産主義という点で、義勇軍には明確にイタリア・ファシズムと共通するところがあったが、他方また、ドイツは東ヨーロッパに領土を持つ権利がある、という考えを持ち続けていた点では、ナチズムとも明白な共通点があった。義勇軍は、労働組合の動きを組み込んではいなかったが、その反ユダヤ主義は、イタリア・ファシズムにおけるよりもはるかに重要な位置を占めていた。義勇軍は、帝政への郷愁と、「民族(フォルク)」こそがネイションを代表するという確信との間で、揺らいでいた。

この当時、オーストリア出身の叙勲退役兵士であったヒトラーは、ミュンヒェンを地盤とする取るにたりない集団、ドイツ労働者党の一員であった。彼はじきに、党内でも最良の街頭演説者として名を馳せ、一九二一年までには、国民社会主義ドイツ労働者党(NSDAP)と改称した党の絶対的なリーダーとなっていた。こうしたリーダー崇拝の起源は、「人民の皇帝」といった(皇帝は国家の存続と繁栄を託された存在だと見なす)理念のような、ドイツの伝統に見出されるかもしれないが、しかしまたバイエルンの新聞は、ヒトラーをドイツ版ムッソリーニとして報道していた。一九二三年、ヒトラーは、みずから試みて未遂に終わったビアホール一揆について、その先行事例として統帥ムッソリーニのことを引用していた(この一揆で彼は、大戦時の将軍ルーデンドルフと協力し合っていた)。

獄中にあってヒトラーは、自伝『わが闘争』のなかで自身の考え方を述べていた。ヒトラーの信じるところによれば、ドイツの使命は、「ユダヤ・ボリシェヴィキ的」ロシアを犠牲にして東に、生存圏を確保することにあった。この目標の達成は、民主主義と人種上の敵とを根絶することによって、ドイツの衰退を克服することにかかっていた。生存圏は、人民を人種的に純粋な国民として一体化するのに必要な資源を、供給してくれるであろう。国内政策の目標と対外政策の目標とは、相互に依存的なものとされた。

こうした考え方は、ヨーロッパ文化におけるヴァーグナー的な部分を想起させ、また一九世紀の社会ダーウィニズム的な、帝国主義的で人種差別的な考え方を想起させる。こうした考え方は、いくつかの大学の学部や専門職において科学として通用させられ、強力な社会を構築するための計画に情報を提供していたのであった。ナチはまた、イタリア・ファシズムの諸側面からの借用をしており、たとえば「ハイルヒトラー」もその一つであった。それによって、ナチ運動におけるヒトラーの権威が強化されただけに、有効であった。同様の目的においてヒトラーは、ムッソリーニの胸像をみずからの仕事部屋に置いていた。

ヒトラーが権力への道を見出すのにムッソリーニよりも長いことかかったという事実は、ナチズムを単に危機と、人びとの「方向喪失」との産物なのだとするような見方に、警鐘を鳴らす。大戦に引き続いた大変動は、少なくともドイツでもイタリアでも同様に深刻であった。ヴェルサイユ〔体制〕におけるドイツに対する扱い方をめぐる怒りは、極右構成員以外にも広範囲に広がっていた。社会主義者による「背後からの一撃」が敗戦の原因だったのだ、とする見方もそうであった。一九一九年における社会主義者の激しい運動や選挙での進出が、苦々しい思いをさらに強めていた。

それでもヴァイマル共和国は存続していた。主要な政治勢力が支持していたからである。イタリアの場合とは違って、ドイツの社会主義者たちは共和国体制を擁護し、労働者たちのゼネストがカップ一揆の失敗を確実なものにした。一揆が成功するには軍の支持が肝腎であったが、その軍部は、英仏がドイツにおけるナショナリズム体制を容認しないであろうと知り、当面、民主主義を受け容れたのである。

一九二〇年代には、ヴァイマル共和国は相対的安定状態にあった。経済状況は、ある程度の改善をみせた。中間政党勢力の連立が、政府の一貫性を担保することをなんとか可能にしていた。フランスやイギリスとの接近は、ドイツが東部の領土を回復できるのではないか、という期待をいくばくか持たせた。政治的暴力は、ほぼおさまっていた。

しかし、ドイツ共産党（KPD）は「ブルジョワ共和国」を決して受け容れていなかったし、ナショナリストのドイツ国家国民党（DNVP）は相変わらず帝政派であった。復員兵士による擬似軍隊的な団体である鉄兜団（シュタールヘルム）は、プロテスタントでブルジョワ的な地方社会に強力に根を張り、社会民主主義者や共産主義者、既存右翼への敵意を培っていた。一九三〇年代にはナチ党に投票することになるこれらの人びとの多くは、すでに二〇年代において、ポピュリストで超国家主義的な政治を受け容れていたのである。

これらの投票者たちは、共和国は利己的な経済利害にへつらっているのではないかと非難しつつ、皮肉にも彼ら自身の利害擁護は求めていたことになるが、より「国民的」な政策の遂行を要求したのであった。ヴァイマルの政治はなんでもありの状態に頽落し、各利害集団がそれぞれ他の集団に対して、国民的な利害を（ということはすなわち自分たちの主張する利害を）優先していないではないか、として非難するという事態になっていった。ナチ党が勝利したのは、彼らこそは個別の諸利害をネイションのために従属させることができるのだと、幅広い有権者たちを納得させられたからであった。

一九二九年、アメリカに発した恐慌は、ドイツの脆弱な社会に甚大な影響を与えることになった。不況からは経営破綻と、農民の負債過剰、大量の失業とがもたらされた。保守派が、現体制は労働者やフェミニスト、ユダヤ人を有利に扱っているのではないかと堪忍袋の緒を切らしたように、それまで保持してきた正統性を共和国はあらかた失ってしまった。

六〇〇〇万の失業者たちの多くは、貧困をもたらしてしまったように思われた現体制を断念して、共産主義へと（いくらかの場合には褐色シャツのナチズムへと）乗り換えた。共産党は、ナチ党と並んで得票数を上げた。議会による統治は不可能となり、一九三〇年から、政府は政令によって行動せざるをえなくなった。もはや連合国を恐れなくなった軍部は、つねに政治に介入するようになった。ドイツの民主主義は、ヒトラーが権力を掌握する以前から、すでに死にかかっていたのである。

一九二三年の一揆に関わったことで収監されている間に、ヒトラーは、自分自身の失敗に照らしてイタリアの事例を考え直し、権力を勝ち取れるのは投票箱を通じてでしかない、という結論を得ていた。はじめのうち選挙プロパガンダは、主に工業労働者に向けたものであった。共産党から彼らを引き剝がそうと、望んだのである。

しかし一九二八年の選挙では、農業危機にひどく苦しんでいたプロテスタント系の農民たちから、予期しない支持を得ることができた。この時からナチ党のプロパガンダは、よりいっそう保守系の投票者たちを狙ったものとなり、それによって、一九三〇年選挙での躍進に成功したのである。ひとたびナチズムが大衆勢力になると、ムッソリーニは気にとめるようになり、ローマから送られた彼の使節がヒトラーに対して、戦略についての助言を与えた。いずれにしてもヒトラーは、ムッソリーニがその成功を選挙と脅しの併用によって得たのだということを、すでに見抜いていた。

その上、ナチによる反社会主義者、反共産主義者、反カトリックの脅しを伴ったキャンペーンは、多数の死者を出したイタリアでの黒シャツ隊のそれとは、似ても似つかぬものであった。ナチは、口論や取っ組み合い以上のことをしてもよいとは考えていたものの、しかし彼らの示威行動はまず象徴的な誇示であって、彼らこそが唯一、秩序を回復させせられるに十分の規律をもった勢力だ、と示す類いのものであった。ナチは同時にまた、既存勢力への反対の姿勢を示し、保守政権に対し、弱体で真の代表とはいえないものだとして非難するとともに、自分たちを人民の真の代表として描き出していた。

こうした大衆受けするメッセージは、もともと保守派であった人びとにとってとくに魅力的なものであったが、ナチ党への投票は、他の政党の場合よりもはるかに裾野が広かった。ナチの運動は、社会主義者からも、少数ながら意味ある得票を勝ち取った。それは、多かれ少なかれ男女同等に訴えかけるものであった。一九三二年七月の選挙では、ドイツの労働者階級の四分の一ほど、とくに小都市の小さな企業の労働者たちが、ナチ党に投票したと見なされている。

ナチ党は、一九三二年七月の選挙では三七％の得票率で、その訴えかけの相対的な幅広さはあったけれども、議会で政権を取るのに十分な議席を確保するには至らなかった。一一月の新たな選挙では、彼らは二〇〇万票を失った。さらに、企業経営者や軍部、土地所有エリートのような保守派の政治家たちは、共和政体に反対しているにもかかわらず、ナチは「褐色のシャツを着たボリシェヴィキ」だとして信用せず、彼ら自身による権威主義的な政権の方を好んだのであった。

問題は、いかなる政府も大衆の支持なしには生き残れないと、良かれ悪しかれエリートたちも感じていた、ということである。このような確信は、「民主主義的」な振りをすることが反動的右翼にまで浸透していた、というほどのものであった。それはまた、共産主義者とナチの双方に対抗して秩序を維持することは不可能かもしれない、という軍部の恐れを、映し出すものでもあった。他の選択肢がなかったがゆえに、一九三三年一月三〇日、保守派はヒトラーを首相に据えた。ムッソリーニと同様に、議会政治と街頭の政治との間にあった溝に、ヒトラーだけが橋を架けられたのである。

独裁体制

首相となったヒトラーの他に、ナチ党から入閣したのはわずか二人であった。しかし警察に対する統制と、政令による統治とが相まって、彼らは左翼に対する抑圧の波を激しくさせることができた。国会議事堂火災(一九三三年二月二七日に炎上し、共産主義者が犯人とされた)が、出版と結社の自由の停止への口実として利用された。三月五日の選挙でナチ党は、期待されたほどの成果はあげられなかったが、ドイツ国家国民党の支持を得て、全権委任法を成立させることができた。

続く数週の間に、労働組合は禁止され、ナチではない右翼諸政党は自主的に解党し、そしてユダヤ系の国家公務員は解雇された。一般の人たちは、反対意見を述べた場合に待っている運命がよくわかっていた。この事実は、はたしてドイツ人は皆がナチ支配に同意したのか、それとも単に大衆集会でヒトラーを讃えただけなのか、という問題への見解を示唆するであろう。

体制内では、いくつもの派閥が権力闘争を展開しており、相互に暴力を行使する備えを怠らなかった。褐色のシャツを身につけた突撃隊（SA）は、左翼に敵対するキャンペーンを張っていたが、第二革命を要求した。軍部は、突撃隊がその立場を悪用することを警戒した。保守派からの圧力もあって、ヒトラーは、一九三四年六月三〇日、突撃隊の指導部逮捕と処刑に踏み切った。いわゆる「長い匕首の夜」である（レームやシュトラッサーらが粛清された）。しかしこのことは、保守派の失地回復をすべて可能にしたわけではなかった。弾圧は親衛隊（SS）によって遂行されたが、親衛隊はエリートの防衛隊として発足していたもので、したがって政治的な責任を負ったものでもあった。「長い匕首の夜」のすぐ後に、軍はヒトラーへの忠誠の誓いを立てたのであった。

ナチの急進的な態度は、とくに政治面で明白であった。法の支配の破壊は、単に恣意的な弾圧や強制収容所への拘束、あるいは処刑を意味しただけでなく、規則に基づいた統治・司法・行政の、まさに基盤そのものの腐食を意味していた。公務員は強制的に解雇され、党の諸機構と親衛隊とが並列的に行政を担当したが、それらの要員は、公務上の手続きによってではなしに、イデオロギー的な基盤と党への貢献によって採用された。それまではあり得なかったような経歴を持った人びとが、影響力のある地位に上昇した。それは、マルクス主義者がいうような意味での革命ではなかったが、既存の権力構造を変動させるものであった。

イタリアにおけるファシズムの場合と同様に、労働組合の急進派や、ナチズムが女性の地位をもっと平等にすると期待していた人びとは、権力の座についたナチズムにまったく失望した（第8・9章を参照）。それでもなお、社会のあらゆる局面にみずからの信条を浸透させるという点では、イタリア・ファシズムよりもナチズムの方が、より成功したといってよい。

女性グループから映画協会に至るまで、以前には独立的であった協会組織は、解散させられるかナチの組織下に組み込まれた。学校の教育課程は改変された。「歓喜力行団〔Kraft durch Freude〕」という不気味な名前を付けられた労働者余暇組織や、ドイツ労働戦線は、ナチの労使協調的な方式の表現であったが、それらはいずれも、ナチのユートピアを組み立てていくことに熱心に取り組んだ。さらに社会政策については、イタリア・ファシストとナチとで専門知識を交換し合うフォーラムを開催したのであった。

イタリアの場合以上に、ナチの行動を牽引していた原理は、人種であった。生物学的な反ユダヤ主義が、すべてのドイツ人に共有されていたわけではなかったし、すべてのナチによっても共有されていたのではなかったが、しかし、そうした生物学的な人種差別思想が断固として、多くの活動家や、とくにリーダーたちにとっての信仰箇条であるような運動が、権力を握ったのであった。

ヒトラーのたいへんな人気は、共産主義を破壊してドイツの国際的な地位を復活させたことから来ていたが、それはまた、各地区でユダヤ人が被っていた運命への無関心とも対になっており、反ユダヤ主義者たちに計画を実行する絶好の機会を提供した。人種論的な考察が、母性保護や医療処置から、外交や教育課程に至るまでの、あらゆる政策にみなぎっていた。さらにいえばナチの人種政策は、非ナチの諸制度、とくに軍部、公務員、学者たちの協力なしには、実行しえなかったであろう。

実際イタリアにおけるのと同様に、大企業、軍部、行政機関は、一種の独立性を保持しており、それらと党の機関や治安組織との間には、多くの競合関係が存在していた。しかし力のバランスは、ドイツの場合には違っていた。実業界は、だんだんに規制の対象とされていったので、政府の政策に業界として影響を与える力を失っていった。軍では一九三八年、多数の将軍が解職され〔国防大臣ブロンベルクらを失脚させた〕、ヒトラーが最高司令官となった。ハインリヒ・ヒムラーの指揮下に親衛隊は、それ自身の軍事力を確立し、人種政策のあらゆる領域に関与を広げていった。人種政策はきわめて重視されていたので、親衛隊の権力は巨大であった。

ドイツの軍部や公務員、大学教授団は、イタリアのそれらがファシズムと対するよりも、より広くナチのメッセージに対して開かれていたので、体制のさまざまな構成要員たちは、ヒトラーの行動計画を実現することを熱心に、相互に競い合った。ある活動家が語ったように、彼らは「総統の方を向いて」仕事をしたのである。ヒトラーにとっては、細部にわたってまで政策を語る必要はなかった。いずれにしても、彼にはそうするだけのエネルギーも、またそうしたいという願望も、なかったのである。

さまざまな権力が入り乱れた状態だったので、政策立案者たちは、道義や法による拘束を気にしなくなっていた。統治の原理は不確実なものとなり、体制の犠牲者たちは救いなく放置された。全体主義的な統制、という体制による願望は実現せず、ナチ支配のさまざまな面に対する懐疑心が存在していた証拠も多くある。しかし、集団的な抵抗には大きな危険が伴われ、体制はまた、ひいきにした民族集団の構成員には有利な条件を呈示した。たとえば、すぐにではないとしても、消費と余暇の社会の実現を約束する、といったように。

ムッソリーニと同様にヒトラーは、外交に対して情熱的な関心を持っていた。彼はレーベンスラウム(生存圏)の獲得と、人種の敵とボリシェヴィズム根絶とを、調和的なドイツ社会確立のための基本だと、つねに見なしていた。ヒトラーは、いかにしてこれらの目標を達成するかについて、明確な考えを持っていたわけではなかったが、ドイツを人種戦争に向けて準備させることに着手した。

ほとんどの国内政策は、この優先課題になんらかの形で関連づけられていた。女性に結婚と出産を奨励する政策は、「健康」な人口を増やして将来の兵士となるようにさせる意図を持っていた。「不適合者」の断種は、人口の質の改善を進めるためであった。公共事業計画は、軍事的な狙いも持っていた。たとえば一九三六年の四カ年計画は、武器製造と輸入品からの切り替えに狙いがあった。一九三八年一一月におけるユダヤ人政策の過激化(一七八頁参照)が、戦争の脅威を受けたものであったことは、偶然ではない。絶滅政策はまだナチによって採られてはいなかったが、ユダヤ系の影響力の排除は、ナチによって、戦争の目的であるとともに、戦勝の前提条件とも見なされていた。

ヒトラーの外交は、中期的な構想に基づいたものではなかった。イギリスは中立を守り、ドイツが大陸を自由に支配するのを容認するだろう、というヒトラーの期待は、じきに裏切られた。しかしながら、一九三六年にヒトラーは、生存圏のための戦争は遅くとも一九四〇年までには実行されるであろう、と将軍たちに言明し、その後あらゆる機会をとらえて進んだのである。

一九三八年三月にオーストリアを第三帝国に併合すると、ヒトラーは、九月には、チェコスロヴァキアの少数派であるズデーテン地方のドイツ系住民に関心を向けた。最終的に戦争は、ヒトラーがソ連との不可侵条約で安全を確保してポーランドに侵攻した一九三九年九月、イギリスとフランスを相手に勃発した。フランスが一九四〇年にほぼ敗北するや否や、ヒトラーはソ連への侵攻を計画し始めた。

侵攻は、前例のないような野蛮な戦いを暴発させた。ナチが勝利した東欧の地では現地当局は全面的に破壊され、ドイツ本国で抑制するものとてなかったので、ナチの組織はヒトラーの黙示録的な予言に沿って、敗北させた人びとに対して殺人、拷問、搾取、略奪、実験などしたい放題であった。戦争が勃発する以前においてすでに、ヒトラーは、この戦争はヨーロッパのユダヤ人を殲滅して終わるであろう、と明言し、実際そのように展開させられたのである。ヒトラーの異様な妄想は、ドイツ軍の完全な壊滅後も続いていた。ベルリンの防空壕で彼とゲッベルスは、タロットカードを読んで占い、フリードリヒ大王に啓示を求めていたのである。ヒトラー最後の遺言は、自分を失敗させたとしてドイツ人民を非難するものであった。

第5章 各地に広がるファシズム

ルーマニア、トゥルヌ・セヴェリン、一九二五年五月

コルネリウ・コドレアーヌは、みずからにつきつけられた証拠の重大さにもかかわらず、殺人罪での裁判の判決を待つ間、とくに心配する様子もなかった(図4参照)。ヤーシ大学で法律を学んでいたこの二五歳の学生は、陪審員たちが皆、鉤十字の記章をこれ見よがしにつけ、さらに原告側の法曹すら情状酌量に言及していたので、まちがいなく安心しきっていた。その法曹は、「外国人が多くなったために大学には無法状態が蔓延していた」と事情を説明して、「ルーマニアをルーマニア人の手に」と呼びかけたのである。

ルーマニアは第一次世界大戦において連合国側で勝利した成果として、オーストリア・ハンガリー

図4 みずからの軍団(鉄衛団)を閲兵するコドレアーヌ．街着のコートと帽子の下に農民の服を着用しているのに注意．

帝国とロシア帝国とから切り取るかたちで国土を獲得していた(地図2参照)。「新たな領土」の住民にはユダヤ系、ハンガリー系、ドイツ系の少数民族がいて、彼らは企業経営や専門職の階層にとくに多かった。ルーマニア人たちは一致して、「新たな領土」は同質的な国民国家へと「同化」されなければならず、ユダヤ人の場合には追放されなければならない、とした。

コドレアーヌのような学生たちは、新たな領土の「ルーマニア化」のための闘いの最前線に立っていた。というのも、伝統的に知識人たちこそが、ナショナリストの先頭に立つ指導者と自任してきたからである。ルーマニアの将来の法律家や法学博士の学位取得者たちは、大戦に続いて左翼活動が短期的に高揚したのも、自分たちの将来にあまり期待が持てないのも、ユダヤ人に責任があるのだ、と見なしていた。一九二二年にはルーマニア

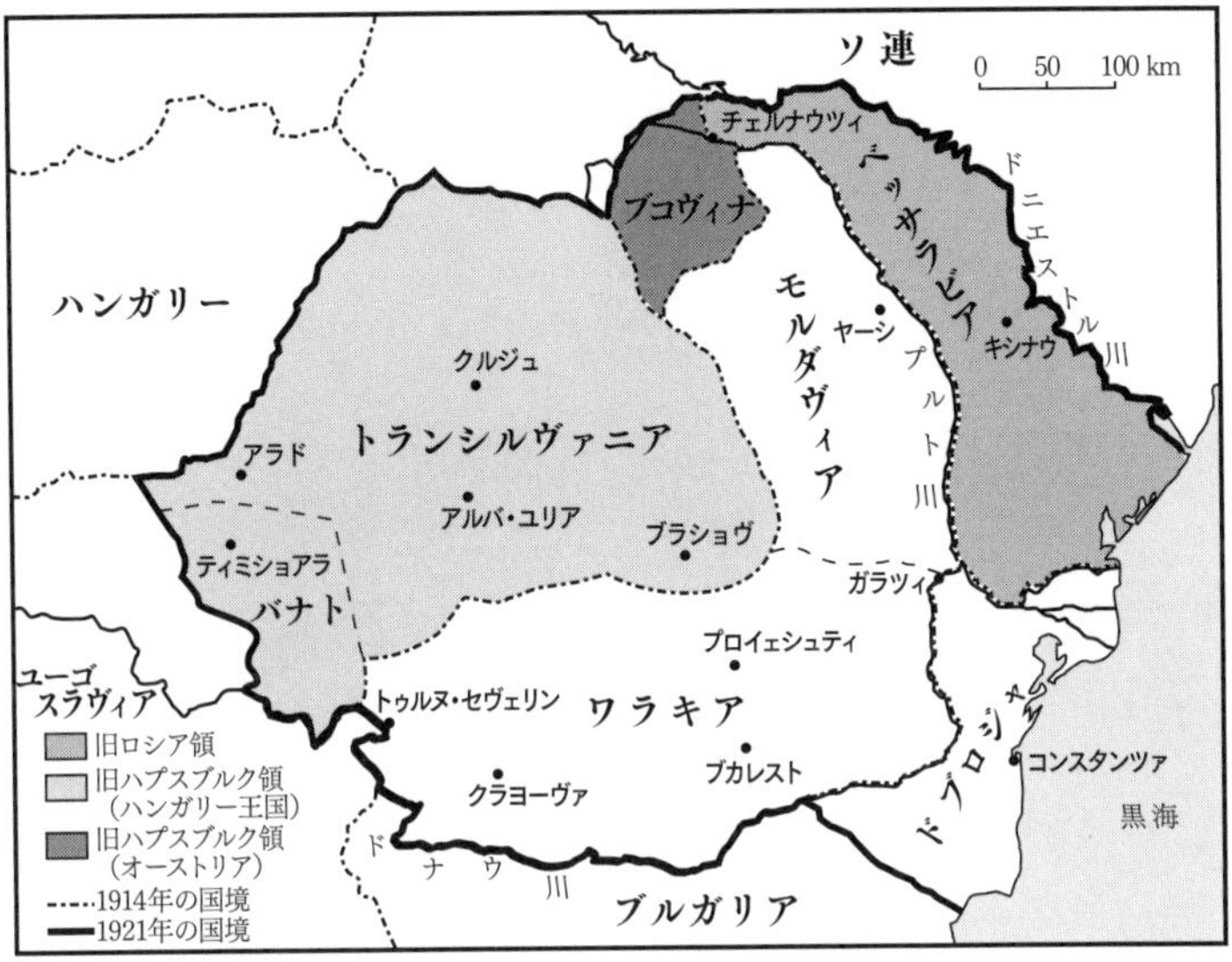

地図2　ルーマニア

の各地で、大学へのユダヤ人登録制限の運動が勃発した。コドレアーヌとその同調者たちは、自分たちの提案への政府の反対は、政府がルーマニアの敵どもに同調しようとしている証拠だ、と見なした。

一九二四年一〇月、コドレアーヌは、学生運動と対立していたヤーシの警察長官を殺害した。はじめコドレアーヌに対する裁判は、モルダヴィア地方のフォクシャニという町で開かれる予定であったが、反ユダヤ暴動のために中止された。裁判は翌年五月に、遠く離れたドナウ流域のトゥルヌ・セヴェリンという小さな町で再招集された。ここなら静謐さが担保できるだろうと、政府が望んだのである。しかしながら、数千に及ぶコドレアーヌの支持者たちが集まり、反ユダヤ主義の動きをかきたてた。町全体が国民色で彩られ、多くの人たちは鉤十字章を身につけた。ルーマニア弁護士会は、当会の会員は誰も被害者未亡人の代理は引き受けない、と確言しようとした。訴追にあたって被告コドレアーヌには弱体な弁護団しか保証されなかったが、それでもやはり結果は無罪放免であった。この事態を、誰も怪しまなかった。

コドレアーヌは、「鉄衛団」の名でよく知られている「大天使ミカエル軍団」のリーダーであった。この組織は、つぎつぎと立憲政府に敵対し、ついでは王家による独裁にも敵対して、ときに政治的殺人をも犯す激しい闘争を展開した。一九三八年一一月、独裁王政は鉄衛団を禁止し、コドレアーヌは処刑された。

鉄衛団がイタリア・ファシズムやナチズムと似ていることは明らかである。しかしながらそれは、単なる模倣ではなかった。鉤十字は、ヨーロッパの極右集団には以前から出回っていたもので、それが鉄衛団によって採用されていたことは、まだ有名でもなかったナチスの影響というものではまったくなかった。一九二〇年代において鉄衛団は、ムッソリーニを賞賛する集団の一つであったが、しかしまた、フランスのネオ王党派運動であるアクシオン・フランセーズの流れを汲むものでもあった。パリではルーマニアからの亡命者たちが、熱心にアクシオン・フランセーズで活動していたのである。鉄衛団は、そのアクシオン・フランセーズの反ユダヤ主義を共有していた。そのことが、一九三〇年代になってからナチズムへと信頼を寄せることになった鉄衛団の方向転換を、容易にしたのである。

絡み合う関係

一九二〇年代、三〇年代において、みずからを「ファシスト」とか「国民社会主義的」と呼ぶ運動、それらのどちらか、ないしいずれからも着想を得たと称する運動が、ヨーロッパ各地、南北アメリカ、そして植民地化された国々でも、姿を見せるようになった。ファシズムの魅力に完全に免疫のあったところは、世界にほとんどなかったといってよい。ヒトラーもムッソリーニも、彼らのイデオロギーを海外に広めようと積極的であっただけに、余計にそうであった。

多くの観察者は、ドイツやイタリアの体制はなにかこれまでとは異なる新たなものを提供している、と信じていたが、しかしそれがなにであるのかについては、一致しなかった。ときに彼らは、他の体制、たとえばスターリンの共産主義からケマル・アタチュルクの社会主義ナショナリズムに至るまでの他の体制と、それらをまとめて同一範疇に括ったりもしていた。

外国での諸運動はファシズムを、彼らなりの光と目的に照らして解釈し、ある特徴は借用し、別の特徴は変容させて採り入れ、また別の側面はまったく用いなかった。ドイツやイタリアの激しく攻撃的なナショナリズムは、外国におけるそれらの最も熱心な支持者たちにも、問題を引き起こす原因になった。というのも外国の支持者たちもまた、しばしば、民族としての独立を失うまいと警戒していたからである。

さらにまた、イタリア・ファシズムもドイツのナチズムも、みずからのイデオロギーを広めたのは共産主義と戦うためだけでなく、たがいに競い合うためでもあった。またそれは、それぞれの体制内における確執を、外部にも投影させることになった。すでに見たように、ヒトラーははじめのうちムッソリーニをモデルと見なしていたが、ヒトラーが選挙で勝利すると、今度はムッソリーニがナチ政府を、同盟者でありうるものと見なしはじめた。しかしひとたびヒトラーが権力を取ると、今度はイタリア・ファシストたちは、彼が危険な競争相手なのか、それとも同志なのか、決めかねた。ナチもまたイタリア・ファシズムを賞賛する一方で、イタリア人を人種的には劣った存在と見ていた。

一九三二年から一九三四年にかけて、何人かのイタリア・ファシストたちが「普遍的ファシズム」を推進しようとし、その動きは、一九三四年のモントルー、一九三五年のアムステルダムにおける、ヨーロッパ諸運動会議で頂点に達した(ローマ普遍化推進行動委員会(CAUR)が主催してファシズム国際会議が開かれた)。彼らはこの構想を、イタリアにおけるファシズム再強化の一手段とし、ナチの人種差別主義に取ってかわろうと考えたのである。彼らはイタリア・ファシズムを、古代ローマの普遍的な諸価値を再現するものとして描いた。

このような考え方は、鉄衛団とも共鳴し合うものであった。というのも、ルーマニアのナショナリストたちは、自分たちは古典古代の継承者だと見なしていたからである(これも多くをアクシオン・フランセーズから得た考え方である)。しかしながら、こうした考えに立つファシスト・インターナショナルは、ナチズムの主張や反ユダヤ主義とは適合しないことが明らかであった。イタリアにおいてさえ、積極的な活動家のなかには、ファシズムの刷新にはナチズムとの提携の方がより実効的な手段だ、と見なす者たちがいた。

じきに、親ナチ派がイタリアでは優勢となった。ムッソリーニは、少なくとも公的な場では、両体制の提携について語るようになった。一九三六年、ドイツとイタリアは枢軸同盟に調印し、スペイン内戦のナショナリストを支援するために協力体制をとった。これが、ヨーロッパ全域でファシストたちを魅了した。一九三八年にはイタリアは、反ユダヤ法〈人種法〉を導入した。しかし依然として、イタリアのファシズムとドイツのナチズムとの協力は、他方では、他の諸国における運動をどう味方としてひきつけるかをめぐる競争を伴っていた。サッカーのピッチでは両国がライバルであったように。

また別の複雑な要素もある。というのは、ファシズムの影響は、ファシストというラベルを用いる人びとをはるかに超えて広まっていたからである。逆に、他者の目からはどう見てもファシズムと同類に思えるいくつかの運動では、ファシズムに近いなどとはありえない、と拒否されていた。また戦間期のヨーロッパでは、さまざまな国で次から次へと独裁体制がとられるようになったが、それらもまた、ファシズムから部分的に考え方を借用していた。

どれほどの個人や運動や、あるいは体制が「ファシスト」として括りうるだろうかといえば、それは定義によっている。もしファシズムの定義が、ただ大衆操作への欲望であるとか独裁を意味するとすれば、それに当てはまるものはたいへん多くなる。もしそれに加えて人種主義であるとか、反ユダヤ主義を基準に入れるとなると、別の括り方になるであろう。唯一の定義への同意が不可能であるからには、「真のファシズム」を明確にしようとする試みは、いずれも決定的ではありえない。

しかしながら、困難だからといって、多様な運動同士の類似性と差異とを検討し、現実の相互作用や借用関係を検討することは、妨げられるわけではない。研究者たちのいう「絡み合う関係」を検討することである。本書では、「ファシスト」や「国民社会主義」という言葉がいかに、どのような目的をもって用いられていたか、それを検討しよう。絡み合う関係をたどっていくと分かるのは、ファシストたちとの結びつきが最も強固であったのは、独裁的な保守派にせよ議会主義的保守派にせよ、保守派集団であった、ということである(ただし第8章から第10章において見るように、ファシズムと左翼との関係も単純に敵対的というわけではなかった)。

戦間期ヨーロッパにおけるファシストと保守派

全体主義という概念は、議会主義的にせよ独裁的にせよ保守主義と、ファシズムとの間に、絶対的な区分を設ける。前者、つまり保守主義は、教会や官庁、軍隊、そしておそらくは王権などによる統治政府を想定するもので、家族と所有を守ろうとする。対照的にファシズムでは、民衆出身の新エリートが台頭して大衆政党のトップにつく形をとる。したがってファシズムは、保守派がたいせつに守

図5　ファシズムと権威主義的保守主義．前列左から右へ，オーストリアのエンゲルベルト・ドルフース，ムッソリーニ，ハンガリーの半ファシスト的首相ゲンベシュ・ジュラ，その右に日本の独裁体制代表，駐イタリア大使松島肇．1934年3月17日，ローマで．

ってきた既存体制を脅かすという点で、むしろ共産主義とのほうが多くの共通点を持つ。これに対してマルクス主義者たちは、ファシストと保守派とは共通の敵をもち、たがいに協調しあっているのだと強く主張している(図5参照)。

これらの二つの見解には、それぞれ見るべきところがある。そう考えるマーティン・ブリンクホーンは、戦間期のヨーロッパでは権威主義的保守主義からファシズムへと至る連続性があったのだ、と主張している。一方の端には権威主義的保守主義の体制が位置し、ファシズム的という意味では最小限の傾向しか帯びていない既存諸制度に基礎を置いていた。他方の端に位置したのが、保守派との最小限の関係を内包したファシズムの運動と体制とで、それを端的に例示しているのがナチズムであった。ブリンクホーンによる解釈は、ファシズムと保守主義との絡み合う関係や転移について認識すると同時に、他方でまた、それぞれ同士での、あるいはそれぞれ内部における、確執についても考慮している。

ブリンクホーンの考え方は、それがわれわれによる区分であって、必ずしも当事者たちが施した区分ではなかった、という点を忘れない限り、有用なものである。当事者たちが、かつて急進的とか保守的とかという言葉をあえて用いたとき、彼らはしばしば、われわれとは違った意味合いをそれらの言葉に与えていた。問題となるのは、それらの言葉がどのように用いられていたか、である。活動家たちが「ファシズムとはこれだ」とか「ナチズムとはあれだ」と主張した場合、あるいは、敵に対して「保守的」だとか「ブルジョワ根性」だとして「逸脱」を非難した場合、それらが意味していたところをわれわれは問わなければならない。ファシズムが拡散し、変換され、活用された、そのあらゆる筋道をたどることは不可能なので、ここでは、いくつかの事例を取り上げることに限定しよう。

民主主義体制下におけるファシズム

戦勝国であったにもかかわらずフランスは、大戦によって深刻に苦しみ、戦後には工業の不調が急速に進行した。そのために、すでに多くの革命を経験してきたこの国で、また新たな革命が起こるのではないか、という恐れが生じていた。はじめのうち保守派は、議会における国民ブロック（一九一九年、ミルランやポワンカレらによって結成された保守・中道の共和派連合とその政権）に支持を与えた。（ドイツやイタリアの保守派とは違って）フランス議会内の保守派は、四〇年間にわたって政権の座になく、失政によって汚点を残すこともなかったからである。

しかしながら国民ブロックには、極右的な人びとも多く内包され、その支持者にはカトリック系、貴族、学生、そして都市のプチ・ブルジョワジーが含まれていた。政治的には、これらの極端な主張を持つ勢力は、さまざまなナショナリズム運動やかつて退位させられた国王の系統（オルレアン家）に対して忠誠心を持つ、寄せ集めの雑多な集団といったところであった。なかでも最強の要素は王党派のアクシオン・フランセーズで、反ユダヤ主義、独裁体制、カトリック信仰が掲げられていた。

有効な変革を実現しそこなっていた国民ブロックの失敗に、だんだんに不満を募らせた極右勢力は、ムッソリーニの権力獲得を歓迎した。外国のイデオロギーを賞賛している、という攻撃を避けるために、ムッソリーニはフランスの思想をコピーしたのだ、と主張された。そして、自分たちの最も気に入ったファシズムの側面のみを取り上げた。すなわち、反社会主義、強力な政府、カトリック教会への譲歩、である。大衆運動としてのファシズムにはあまり注意は向けられず、また、スペインにおけるミゲル・プリモ・デ・リベーラによる軍事独裁と、ファシズムとは、あまり区別されることがなかった（一九二三年にプリモは、自分に権力奪取を着想させた人としてムッソリーニを挙げていた）。

一九二四年に、フランスでは左翼が政権に返り咲いた。国民ブロックの不評とあいまって、保守派の間には新たな恐れが引き起こされ、その多くが今や新たな大衆運動へと目を向けるようになった。ジュネス・パトリオット（愛国青年団）は、明らかにイタリア・ファシズムからの影響を受けていた。彼らは揃いの青いレインコートを着用し、ファシスト流の挨拶を交わし、街頭で共産主義者を襲った。何人かのそのリーダーはみずからファシストであると名乗ったが、別の者たちはより慎重であった。この運動は、同じようにフランスのボナパルティスト（帝政派）の伝統からも影響を受けており、またメンバーの多くはカトリックで、一部の者たちは議会内右翼として活動していた。

一九二六年以降になると、ジュネス・パトリオットはファシストのラベルをはっきり避けるようになる。フェーソーという別の大衆運動が起こされたので、みずからを、それとは明確に区別する必要が生じたからである。フェーソーという名前が示唆しているように（フェーソーは「ファッシ」にあたるフランス語）、この運動はみずから国際ファシズムのフランス版である、と任じていた。

この運動もまた、ムッソリーニはフランスの理論に手を加えたのだ、と主張したが、その伝統についての解釈は別様であった。フェーソーは協調的組合主義を強く主張したが、しかし労働組合の独立性をめぐる論争で内部分裂した。ただ、フェーソー自体が権力の座に近づく機会はなかったので、こうした論争も大きな意味は持たなかった。フランスの極右は議会内に座を占めていなかったし、街頭での圧力のみで勝利することはできなかった。そこで、新たな保守連合こそが、危機から生じる不安感を取り除くことができた。

フランスにおける極右は、大恐慌の間に復活した。一九三四年二月六日、パリの中心部で大きな示威行動が起こされ、当時の左翼政権が辞職を余儀なくされたが、しかしこの場合においてもまた、機会を利用するには極右は議会内で弱体にすぎた。このあと新たな同盟組織「火の十字団(Croix de feu)」が、右翼において支配的となって五〇万人からの会員を集め、一九三六年に政党組織となったのちにはさらに党員数を増やした。

火の十字団は、その敵対者からすればファシズムを体現するものであり、実際その類似性を否定することはほとんどできない。火の十字団は擬似軍隊的な行動様式をとるものだったが、(イタリア・ファシズムより以上に)ナチのそれを想い起こさせるような行動の仕方であった。協調的組合主義と反議会主義を主張し、左翼を攻撃すると同時に、虚弱と見なした保守派をもまた攻撃対象とした。この運動は、イタリア・ファシズムとドイツ・ナチズムのいくつかの側面、とくに出産奨励計画や社会政策を賞賛し、ムッソリーニやヒトラーが権力を掌握した方式に学んでいた。

しかし他方では、差異も存在していた。たとえば、その憲法に関する提唱は比較的穏健であり、領土的な拡張を主張することもなかった(ただし植民地を手放す意図もまったくなかった)。また反ユダヤ的な面も、ナチより(またアクシオン・フランセーズよりも)はるかに弱かった。火の十字団のリーダーたちは、いくらかの例外を除けば、自分たちがファシストであるということを強く否定していた。「国民的」というラベル以外のものを用いるのは、拡散的な極右をさらに分断する恐れがある、というのが彼らの立場であった。さらには、一九二〇年代ならばかつての同盟国イタリアと一致することも可能であったが、そもそもドイツはフランスにとって、何代も受け継がれてきた敵国であった。

それでも左翼は、火の十字団をヒトラーの手先と見なした。実際にはそのようなものではなかったが、この作戦は有効であった。さらにフランスの左翼は、ドイツにおけるナチの勝利から学んでいた。すなわち、ドイツでは社会主義者と共産主義者とが、ともにナチを憎んだのと同時に、相互に憎み合っていた、という失策である。人民戦線としてまとまったフランス左翼は、街頭では火の十字団と戦い、うまく有権者を極右から引き剝がす政策を設計した。

一九三六年の総選挙で人民戦線は大きな勝利を収めた。火の十字団は、おとなしく解散命令に従ったのち、フランス社会党(PSF)として再登場し、よりいっそうファシズム的な特徴を示したが、そうした特徴も徐々に振るい落としていった。しかし、一九四〇年にフランスがドイツに占領されると、独裁体制をうまく利用しようと、改めて着目したのである。

ファシズムはまた、イギリスへも浸透してきた。イギリス帝国は、反抗的な動きを示すナショナリズムによって脅かされていた。経済は戦間期を通じて弱体な状態で、一九二六年のゼネストや労働党の台頭は、所有権を危機に陥れるように見えた。イギリスの保守派は、秩序を再建した人としてムッソリーニを賞賛し、イタリア・ファシズムの比較的穏健な傾向は、より危険で急進的といわれるようなファシズムとは違うと見なした。カトリック信者のなかには、無神論的共産主義との戦いを先導するムッソリーニ、という見方をするものもあり、知識人のなかには、イタリア・ファシズムの美的なモダニズムを評価するものもいた。

しかし、ファシズムがイギリスに導入可能だと考える人は、ほとんどいなかった。そう考えたものたちが、一九二五年にブリティッシュ・ファシストという集団を形成した。この集団は大衆運動とはならなかったが、保守党議員のなかには、集会の警護のために彼らを使う議員もいたのであった。

現実に問題となるのは、一九三二年にオズワルド・モズリ卿によって創立されたイギリス・ファシスト連合(BUF)のみであったが、それもごく短期間であった。はじめのうちこそイギリス・ファシスト連合はイタリア・ファシズムに近く、資金も受け入れていたが、しかしそのファシズム理解は、すでに述べた保守派による理解とは異なっていた。モズリは労働党から出た人で、イタリア・ファシストによる協調的組合主義を、大恐慌への対応として、旧来の政党による対策以上に有効だとして賞賛していた。

こうした急進的な考え方にもかかわらず、イギリス・ファシスト連合は、かつて一九一四年以前に自由党政府による社会改革とアイルランド自治法に反対していた頑強な保守主義と通じるものも、なにか受け継いでいた。つまり、かつての保守党の頑強派は、民衆が「古参の政治家ども」をじきに一掃するであろうというモズリの予測を、いわば先取りするようなことをいっていたのである。イギリス・ファシスト連合自身、保守党からの支持を取りつけていた。ちょうどスタンリ・ボールドウィンが保守的な原則をうわべは放棄して、(一九二九年に形成された)労働党内閣による挙国一致政府に合流することになった、そういう時代であった。その時代の保守党のうちには、より強硬な路線を正当化してくれるのがイタリア・ファシズムだ、と見なす人もいたのである。

イギリス・ファシスト連合への支持は、その暴力性ゆえに多くが雲散霧消したが、いずれにしても、単純多数得票制のイギリス選挙制度のもとでは、その運動は不利であった。モズリは、イタリア・ファシズムからドイツ・ナチズムへと忠誠を示す相手を替えたが、これは失策で、残されていた可能性もそれによって失った(イタリア大使は、期待をかける相手を保守党に切り替えた)。モズリの転換を知ったほとんどのイギリス人は、彼を裏切り者と確信したのである。

アメリカ合衆国においてもまた、ナチズムへの共感を表明した人びとは、反愛国的と見なされる危険があった。ドイツ系アメリカ人協会(American-German Bund)は、その絶頂期でもメンバーは六〇〇〇人足らずであった(図6参照)。この組織は、クー・クラックス・クランに体現されたアメリカ固有の人種差別主義から起こった、という側面を持っていた。クー・クラックス・クランは第一次大戦中に再興を果たし、一九二〇年代には二〇〇万から八〇〇万の会員を擁していたと見なされている。クランはファシズムの多くの特徴を先取りしていたが、しかしまた、今でもアメリカ極右の特徴である反国家的で自由至上主義的、しかもポピュリスト的個人主義をも示していた。ドイツ系アメリカ人協会はクランとの結びつきを持っていたが、しかし、アメリカが大戦に参戦したあとで一般化したドイツ系市民への待遇悪化に対抗するために組織された、という面も同じようにあった。

一九三〇年代において、より大きな成功を示したのはチャールズ・E・カフリン神父の全国社会正義連合(National Union for Social Justice)であったが、しかしこの組織はそれほど過激ではなかった。はじめローズヴェルトのニューディール政策支持者として出発したカフリンが説いたのは、反共産主

図6　ニューヨーク，マディソン・スクウェア・ガーデンにおける，ドイツ系アメリカ人協会の大衆集会，1939 年 2 月．アメリカの象徴である鷲のマークの上に重ねられた鉤十字に注意．

義、反ユダヤ主義、反資本主義である。一九三六年の大統領選挙に出馬した彼の得票は、八八万二四七九票であった。

合衆国におけるファシズムの弱さは、危機が自動的に過激主義を育てる、というような推論が当たらないことを忠告してくれている。当時の条件は格好であった。経済危機の深刻さ。保守派のニューディール嫌い。孤立主義者たちによる、ヨーロッパにおける反ファシズム闘争へのアメリカ参入反対。これらすべては、過激論者にとって不満の種であった。しかし、ニューディールは不満を中和し、反国家的な個人主義は、極端な志向を示す人びとを別の方向へと向かわせたのであった。

宗教とファシズム

カフリン神父によるファシズムとカトリック信仰との混合は、前例のないものではなかった。世界中のカトリック信者たちは、ムッソリーニに対して、教会の特権のいくつかを復権させ、世俗のイタリアにおけるヴァチカンの地位をあるべきものにした人として、ありがたく思っていたからである。一九三六年七月には、スペイン人民戦線政府に対するフランシスコ・フランコ将軍の軍事蜂起を、ほとんどのカトリックは賞賛したものだった。

とはいえ、スペインのカトリック信者たちは、政治的にも社会的にも分裂していた。王党派とその他の各種保守派は、共和国は無神論者やユダヤ人、フリーメイソン、マルクス主義者による陰謀から発したものだ、と見なしていたが、他のカトリックたちは、共和国内における多元主義を受容する用意があった。他方、社会派カトリックは、単純に敵を抑えつけるのではなく、むしろ社会改良を通して教会の影響力を取り戻すことを追求していた。

カトリック信者たちは、可能性として、ファシズムに多様なものを見ていたのであろう。単純に左翼を破壊してくれることを望む者もいたが、ファシズムが説く協調的組合主義を、労働と資本の和解手段としてとらえる者もいた。後者の傾向は、一九三六年二月の総選挙敗北のショックに至るまでは、ほとんど影響力を持っていなかったが、その後には、社会主義が魅力を発揮しているのはなぜか、その理由を探求するよう、より多くのスペイン・カトリック信者が促されたのであった。引き続く内戦の渦中においてさえ、この新たな考え方は発展したのである。

結局のところフランコを権力の座につけた運動は、公然としたファシズム的部分を含むものであった。かつての独裁者の息子、ホセ・アントニオ・プリモ・デ・リベーラの率いるスペイン・ファランヘ党がそうである。イタリア・ファシストによる儀礼や擬似軍隊的な暴力を真似していたのに加えて、ファランヘ党は公式には非宗教的であった。にもかかわらずそれは、さまざまなタイプのカトリック信者たちに訴えるものがあった。カトリック教会こそはスペインの国民的な宗教だ、とホセ・アントニオは強く主張していた。イタリア・ファシストの協調的組合主義に対するファランヘ党の賞賛は、階級間の和解手段についての社会派カトリックの考え方と、照応するものであった。

ファランヘ党はまた、穏健な土地改革と銀行の国有化とを主張していた。企業経営や国家統制からより自由である以上、イタリア式の協調的組合主義とは異なるのだという「国民的組合主義〔Nacional sindicalismo〕」を、党は唱えていた。スペインにおいても他と同様であるが、協調的組合主義という考え方に対するカトリック固有の寄与をはっきりさせることは、むずかしい。

ファランヘ党は、フランコによる連合の主導権をとることには失敗した。その連合は、系列化されていない保守主義者や、スペインの非主流派王家一族に忠誠を誓う人びと〔カルリスタ〕をも含んでいた。王党派の人びとは将校団との親族関係や階級的な結びつきを利用していたが、将校団はファランヘ党の急進主義を信用していなかった。共和国側の軍事的防御の頑強さを前にして、軍隊は不可欠なものとなっていたが、ファランヘ党の活動家の多くは、すでに共和国派によって殺害されたり投獄されたりしていた。一九三七年、フランコが単一の運動へとファランヘ党を統合したとき、党はもはや抵抗しなかった。フランコの体制は(一九七五年まで続くが)、ムッソリーニ体制と同様に急進的ファシストも保守主義者も含んだ一党体制であったが、イタリアやドイツにおける展開とは逆に、教会や軍隊、行政が、時とともに強くなっていった。

オーストリアにおいては、ファシズムと宗教は、ドイツとの統一という問題と絡み合っていた。一九三三年以降、エンゲルベルト・ドルフースと、続いてクルト・フォン・シュシュニクの権威主義的政権が、擬似軍隊的な「護国団(Heimwehr)」に守られる形で国を統治していた。ムッソリーニは、こうした体制を支援していた。というのは、彼は国際的な優越を望んでいただけでなく、ドイツ語使用の少数住民がいるイタリアに向かってドイツが拡張してくることを、望まなかったからである。ムッソリーニの気に入るために、オーストリア政府はファシズムを受け容れることを約束し、労使協調的な国家体制、〔職業身分を基礎とする〕身分制国家(Ständestaat)の建設が謳われた。

この国家体制はまた、社会カトリシズムの保守的ヴァージョンに由来するものでもあった。「オーストリア流ファシズム」の護国団についていえば、それは、一九一八年に崩壊した超国民国家的オーストリア・ハンガリー帝国の再生を、ムッソリーニ支持派のカトリック諸国家連邦の形で望むものであった。このような超国民国家的《スプラナショナル》な考え方の存在は、ファシストを自任する人びとは必ず国民国家最優先になる、という推定が必ずしも当てはまらない場合があることを警告してくれる。

身分制国家のリーダーたちにとっては、護国団はあまりに急進的で反ユダヤ的にすぎた。一九三六年、オーストリア政府は護国団を解体し、その団員たちをみずからの体制党内に吸収した。活動的であった護国団の一部は、体制にとって最も危険な敵対者であったナチ党のオーストリア支部に加わった。こうして、ナチズムがカトリック信者にとってもまた魅力的でありえたことが、明らかになった。オーストリアのナチは、一九三四年にすでに決起行動を起こしていた。その時には、ムッソリーニがオーストリア体制を救った(イタリア軍が国境に派遣され、ドイツの動きを牽制した)。しかし、ムッソリーニがひとたび枢軸に参加したとなると、独立国家としてオーストリアに残された日々は、かぞえるほどになった。一九三八年、ヒトラーはオーストリアに侵攻し、身分制国家を転覆させた。それが「反動的」である、という理屈であった。

東ヨーロッパ

新たな東ヨーロッパの諸民主主義体制は、ロシア、ドイツ、オーストリア・ハンガリーという多民族帝国が崩壊したあとの楽観的な雰囲気のなかで創出されたが、戦間期に将棋倒しのように崩れていった。チェコスロヴァキアのみがクーデタを経験しなかったが、それでも一九三八年から一九三九年にはナチの掌中に落ちることになった。できたばかりの民主主義体制は、イタリアやドイツが抱えたと同様の問題にすべて苦しむことになった。すなわち、戦争による破壊、民衆の不安情勢、労働者のストライキ、経済的困難、そして民族間の対立という問題。ロシアのボリシェヴィズムに対する同じような恐怖も浸透しており、いくつかの場合には、ボリシェヴィキとの現実の戦闘によって恐怖はさらに募っていた。

ソ連邦は、多くの東ヨーロッパ諸国に対して領土要求をしており、共産主義者の蜂起があちこちで生じていた。共産主義者たちは、労働者や、(より多くの土地が欲しい)農民たち、少数民族の不満を利用していた。戦争が、男女両性間の正常な均衡を崩してしまった、という同様の確信がどこにも存在した。イタリアやドイツにおけると同様に、ナショナリストたちは、共産主義者やフェミニスト、少数民族を叩くためのより強力な方策を求めた。すべてが、国民的な統一の名においてである。

この国民的統一とは、戦間期の東ヨーロッパにおける民族的大混乱において、一つの強力なメッセージであった。すなわち大戦の講和条約は、民族自決の原則に基づいているはずであった。しかしながら、(東ヨーロッパでは)民族集団が相互に入り組んだ状態はきわめて複雑で、国境を民族集団の棲み分けに合わせることは不可能であった。いくつかの国境線は実力行動で定められた。

新たな「国民的な」国家はすべて、実質的な少数民族を複数内包していた。たとえばポーランドでは、その七割のみがポーランド人であった。かつては従属的な民族であったものが、今度は新たに少数集団の主人となった。はじめのころ各政府は、比較的寛容であった。講和条約が少数民族の権利擁護を求めていたからである。

しかしながらドイツ、ブルガリア、オーストリア、そしてハンガリーにおいて、講和条約で領土を失ったことへの憤懣が高まり、いまや他国で少数派の地位に陥ってしまった同族の運命に対して、関心が募っていった。たとえばルーマニアにおけるハンガリー人、ポーランドにおけるドイツ人のように。拡大によって領土を得た国家（ルーマニアとユーゴスラヴィア）や、新たに創出された国家（エストニア、ラトヴィア、リトアニア、チェコスロヴァキア）は、少数民族の「国民化」、ないしは排除を望んだ。東ヨーロッパでは西ヨーロッパと同様に、民主主義体制はしばしば多数派の独裁であり、寛容は容認されず、文化的多元主義はさらにありえなかった。

しかしながら、注意が必要である。かなりの力を持ったファシズム運動は、起こってもよさそうな状況にあったこれらすべての国で台頭したわけではなかった。多民族のチェコスロヴァキアやユーゴスラヴィアでは、政府が過度に国内少数民族に配慮しすぎだと主張する人もおり、いずれの国も経済問題や左翼の撹乱行動を経験していたものの、しかし支配的なチェコ人やセルビア人の間で、ファシズム運動が展開することはなかった。

チェコスロヴァキアでは、ファシズムが入り込む政治的隙間はなかった。社会主義が労働者の投票を独占しており、政府は農民を鎮めるために（農産物への）価格補助を実施していたからである。チェコ・ナショナリズムにも盲点はあったが、チェコ人たちは、以前のドイツ人支配者たちよりも自分たちがもっと寛容で、啓蒙的だということに誇りを持っていた。実際、ナチズムが発展したのはズデーテン地方のドイツ系少数派のなかのことであって、彼らはドイツとの統合を徐々に支持するようになったのである。

東ヨーロッパのその他の国では、一つまた一つと、保守派が権威主義的な体制を設定し、〔ヴェルサイユ講和会議で東欧諸国独立を承認した諸条約に付された条件である〕少数民族の権利擁護条約を否定するようになり、共産主義者を逮捕し、女性を家庭に戻すという意図を明言するようになった。しばしば左翼は、これらの体制をファシズムと同一視したのであったが、実際それらはイタリアやドイツの体制から考えを取り入れていた。

そうしたことからそれらをファシズムと規定するか否かは、定義によるわけだが、確実なことは、それらがイタリア・ファシズムの先例を、既存の諸制度を通しての統治と同一視していたこと、つまりそのような統治とイタリア・ファシズムやナチズムとを十全には区別していなかった、という点である。ルーマニアでは正教の総主教ミロン・クリステアが、一九三八年に首相となった。ポーランドでは、軍隊が政府の主要な支えとなった。ハンガリーでは、軍隊と大土地所有の有力者が優勢となった。ブルガリア、ルーマニア、ユーゴスラヴィアでは、王政による直接統治がなされた。すべてのところで、公務員たちが大きな影響力を持ったのであった。

いくつかの独裁体制は、エリート主義に立ってはいたが、大衆政党をも創出した。一九三五年、ポーランドの「大佐たち」〔ポーランドで独裁政権を率いたピウスツキの側近グループ〕は国民統一キャンプを立ち上げ、また、ユーゴスラヴィア急進連合が、国王独裁体制への民衆支持を取りつけるよう設計され、隊員は緑色のシャツを着用した。ユーゴスラヴィアの体制はまた、ユーゴスラヴィア女性連合からの支持も受け容れた。その教育活動や福祉活動を、王政への忠誠を奨励する手段として評価したからであった。

ヨーロッパ保守主義の新たな特徴をなすそれらの集団は、ファシストたちのものを真似すると同時に、それらと競合するものでもあった。しかしまた、既存権威に従うものでもあり、組織的な独占をなすものではなかった。実際のところ、それらの独裁体制のほとんどにおいて、ある程度の政治的自由は容認されていた。検閲体制は不完全であった。反対派は逮捕収監の対象となったが、存在し続けることはできた。憲法は修正され、投票は操作されたが、しかし選挙は依然として実施されていた。法律は明らかに権威主義的なものではあったが、全体として法律は依然として守られていた。

ファシストたちは、このような独裁体制への敵対と協力との間で引き裂かれていたが、ハンガリーとルーマニアにおいて、最も成功することができた。ハンガリーは、一九一九年から一九四四年まで摂政ホルティ・ミクローシュによって支配され、なかば権威主義的な保守体制が取られたが、それは徐々にファシストの反対派に溶け込んでいった。

このファシスト反対派は、二点において通常ではなかった。第一には、ムッソリーニを讃える一方このハンガリーの極右は、一九二三年以前からヒトラーとの関係をうち立て、そのドイツの運動が示していた講和条約への強硬な反対と、反ユダヤ主義とに魅せられていた。というのも、ユダヤ的な普遍主義思想が、民族的なハンガリー国家を傷つけたのだ、といわれていたのである。こうしたメッセージは、直前までこの巨大な帝国を統治していた士官クラスや官僚と、響き合うものがあった。彼らは、民族的な侮辱を鋭敏に感じ取り、ユダヤ人との職業上の競合を腹立たしく思っていた。第二の通常ならざる特徴は、社会的な急進主義である。ファシストが要求したのは、ハンガリーにおいて体制の権力基盤をなしていた大所領の解体であった。

一九三二年にホルティは、ファシストのゲンベシュ・ジュラを、反ユダヤ主義と縁を切ることを条件に首相に据えた。ゲンベシュは、以前から賞賛してきたムッソリーニと正式に提携したが、一九三三年以降になると、条約改正〔トリアノン条約修正〕への約束とドイツの経済力に魅かれて、ヒトラーの方へと関係を戻した。しかしながらゲンベシュは、自覚していた通り保守反対派によって取り囲まれており、ほとんどなにもできなかった。

それが、矢十字党を代表とする親ナチ派集団の入り込む隙間をもたらした。矢十字党はウルトラナショナリストではなかった。同党は、ハンガリーのナショナリズムを宗教に基礎づけるか、それとも人種に基礎づけるかで躊躇しており、自分たちは排外的愛国主義者ではない、と言明していた。実際、ナチは選ばれたる民という「ユダヤ的」考え方を取っているではないかとして、反ユダヤ主義とナチ批判とを結びつける立場を示していた。オーストリア・ファシストたちが主張していたような南東諸国家連邦を、推奨してもいた。運動が示した反ユダヤ主義は、都市労働者と共鳴するもので、彼らの雇用主にはユダヤ人が多かったのである。

ゲンベシュは政府内でも保守派からの抵抗に直面していたので、その成果は方向が明確でなく、一九三六年における彼の死去によって、主導権は保守派に戻った形となった。一九三九年にはホルティが、矢十字党に対抗する動きを示したが、しかし矢十字党が同年の総選挙で成果をあげることを妨げるには至らなかった。いずれにしてもホルティ自身の体制が「過激派」に対抗して、さらに独裁的で反ユダヤ主義を強めるようになり、矢十字党が少数民族に自治権を与える計画を持っているとして、これと敵対した。ハンガリーはヒトラーによる侵略戦争に加担し、ルーマニアを含む奪還領土における少数民族に対しては、暴力を振るった。こうした一連の動きのなかで、どこからファシズムが始まり、どこで終わったのか、それをいうことは難しい。

今一度ルーマニアについて簡単に戻ってみよう。ルーマニアも一九二〇年以降、権威主義的な「自由主義」政府によって統治されたのち、一九二八年からは君主政体になる。コドレアーヌの鉄衛団が主要な体制反対派となり、民族的な多様性を含んだこの国のルーマニア化を政府は不十分にしか遂行していないではないか、として非難した。

この鉄衛団は、「政治宗教」との類似によっても注目に値する。コドレアーヌは、ルーマニア正教会をルーマニアの国民性と完全に重なり合うものとし、したがってユダヤ人は都市民としても宗教的基盤からしても、国民からは排除されなくてはならない、とした。しかしながら鉄衛団が正教会に忠実であったそのあり方というのは、異端的なセクトを想わせるものであった。教会が政治行動を統括する権利については、コドレアーヌは反対した。彼は、ルーマニア再生というロマンティックな神話と正教会とを、一対のものとして結びつけていたのである。そして「新たな男」の登場を呼びかけた。鉄衛団は、奇妙な儀式を通してその宗教性を演じてみせた。その儀式は、新興宗教儀式のグロテスクな真似事で、鉄衛団の暗殺隊の隊員たちが、儀礼的にたがいの血を飲みあうのであった。この宗教は、世界を善と悪に二分割した。政治は闘争と戦争の領域とされ、軍団は極端に暴力的な組織であった。死ぬまで戦うという軍団員の意志は、やはりオカルト的な思想に取り憑かれていたナチの突撃隊に必敵するくらいである。

しかしながら鉄衛団の宗教性は、政治宗教の理論家が理解するような意味における政治宗教とも違っていた。というのも、その団員たちは、非合理性に目が眩んでいたわけではなかったからである。儀式は、組織の結束を強めるという合理的な目的を持っていた。暴力は、特定の集団を狙って行使され、敵意は、専門職の雇用をめぐる競争であるとか、土地に対する農民の欲望であるとかの、特定の関心と不可分のものだったのである。

ネイションは王朝のなかにではなく、民衆のなかにこそ体現されるべきものだ、という大天使ミカエル軍団の信念は、軍団を教会の階層序列や王政と近づけたはずはなく、王政はじきに軍団を敵として扱いはじめた。一九三七年、国王はミロン・クリステアを首班とする独裁的な政府を形成させ、翌三八年には軍団が禁止され、コドレアーヌは殺害された。

軍団は一九四〇年には復活してきた。フランスの敗北が、伝統的にフランス寄りであったルーマニア保守政権の意欲を削いだのである。一九四〇年にはまたヒトラーが、ルーマニア国土のうちの広い部分をハンガリーとブルガリアに与えることを認めた（スターリンはベッサラビアを自国に組み込んだ）。国王が、国を破壊したとして非難され、軍団が正しかったことになった。保守的なアントネスク将軍のもとで軍団は政府内に取り込まれた。

しかしながらアントネスクは、軍団によるユダヤ人その他の少数派からの事業没収や、農園や家屋の接収があまりに行きすぎている、と考えていた。一九四一年一月、アントネスクは力試しに勝利した。というのも、ナチが、ウルトラナショナリストの軍団よりもアントネスクの方が信頼できる連携相手だ、と見なしたからである。アントネスクは、ルーマニアがナチによるソ連侵攻に参加することを保証したのである。それによって彼は、国土を拡張できると期待したのであった。

ヨーロッパ以外のファシズム

一九四五年以前には、世界中のどこにおいても、ファシズムの影響がなかったところはほとんどなかった。反植民地主義のナショナリストたちも、植民地宗主国に脅威を与え、国民国家建設のイデオロギーを提供してくれるように見えた体制に対して、関心を持たないはずはなかった。しかしヨーロッパ内におけるのと同様、人種差別主義と膨張主義とが、ファシズムの普及拡大の主要な障害となった。それに、ナショナリストの運動はしばしば、ヨーロッパ内の反ファシズム派に共感を寄せたのである。

エジプトとシリアでは、ファシズムに対する関心がかなり高まり、支配的であった自由主義ナショナリストのエリート層に挑戦する形となった。一九三〇年代の経済危機は、英仏モデルの議会による自治の拡大が独立をもたらすだろうという、自由主義ナショナリストの見通しを怪しいものにした。青年将校や若い官僚のなかには、ファシズムが有効でダイナミックな別の道を示している、と見なすものもいた。その間にイタリアの体制は、イスラームの擁護者というふりをしはじめた。すなわち、モスクをいくつも建設し、アラビア語の使用を推進しただけでなく、さらにはエチオピアへの侵攻を、イスラームの敵であるキリスト教徒を攻撃するものだと位置づけたりした。エジプトとシリアでは、ファシストの記章をつけて儀礼を行う擬似軍隊的な青年運動が姿を現した。

しかしファシストの波は持続しなかった。その他のナショナリストたちが、イタリアによるプロパガンダは帝国的な野望を隠すためのものだ、と確信していたからである。いずれにせよ、イスラームは、預言者ムハンマドを初期に匿った国であるエチオピアを、必ずしも否定的には見ていなかった〔メッカでの布教時代、迫害を逃れるため一部のムスリムがエチオピアに移住したが、ムハンマド自身はメッカに留まった〕。政治的なイスラーム、とくにムスリム同胞団〔一九二八年にエジプトのハサン・バンナーが創設した政治・社会運動団体〕は、ファシズムにはまったく関心がなかった。他方で、議会に拠点を据えるナショナリズムは頑強に対抗し、強力な反ファシストとなった。パレスティナでは、イタリア・ファシズムは、イスラームをナチズムに吸収しようと動いていたドイツとの競争に直面した。ドイツは、キリスト教やイスラームの急進的な伝統だけを抜き出して、とくに反ユダヤ主義と反民主主義とを強調していた。

インドでは、国民会議派の左派的リーダーであったチャンドラ・ボースが、はじめのうちイタリア・ファシズムを、一九世紀のイタリア復興、すなわちリソルジメントの後継者と見なして、魅力を感じていた。一九二六年に彼は、ファシズムと共産主義の新たな総合をインドは実現するであろう、と主張したので、イギリス当局は彼を明白なファシストと見なした。

しかしボースは、議会内で反ファシストたちから圧力を受け、自分の見解を穏やかなものに切り替えていった。それには、ヒトラーが、人種論に基づいたイギリスによるインド統治を正当だと発言したことも、いくらかの理由として関わっていた。ボースは、今度はケマル・アタチュルクの社会主義的な権威主義へと関心を向けた。しかし彼は、イギリスの敵がインドの独立達成の助けとなるという期待を、最後まで捨てなかった。一九四一年、彼はベルリンに向けて脱出し、そこで捕虜〔北アフリカ戦線で戦ったインド兵〕の間から募ったインド軍団形成に助力し、ついで、日本軍の捕虜〔イギリス領マラヤやシンガポールで戦ったインド兵〕から形成されたインド国民軍に期待を寄せたのである。

ファシズムは、非ヨーロッパ地域の半独立的な国々でも、ある程度の魅力を発した。中国では、ファシズムが国民党のナショナリズム運動を再活性化することを、青シャツたち〔藍衣社〕が期待したが、しかし彼らは、大衆的な擬似軍隊的運動であるよりも、むしろ秘密結社的であった。一九三二年に蒋介石は、一時失っていた国民党の主導権を取り戻す動きのなかで、彼らを仲間に引き入れた。権力を取り戻したあと蒋介石は、体制改革のためにファシストによる先例を利用したが、しかしそれは、道徳的行動に関する儒教的な規定と結びつけた形においてであった。

独裁体制への依拠はラテンアメリカでは頻繁であったが、そこでもまた、ファシズムを賞賛する運動や体制が存在していた。通常それらは、イタリア・ファシズムにおける権威主義的な側面に目を向けたもので、大衆ファシズムは、めったに盛んにはならなかった。ラテンアメリカの貧しい社会においては、政治的動員の程度は低かったからである。

またラテンアメリカは、第一次大戦とその結果としての政治の暴力化・軍事化といった事態を、なんら経験していなかった。軍隊の支持をもってすれば、政府は、民衆による敵対を容易に弾圧することができた。どのような場合でも、ほとんどの国で左翼は問題にならなかった。独裁体制が身近なものだったということは、ムッソリーニのような人物が出てきて、普通のマッチョな軍事支配者と自分は違うのだ、と示すための闘争を展開し、救世主としての輝きを獲得することが起こりえた、ということであった。

ブラジルは例外であった。自由主義的で寡頭体制を取っていた「旧共和国」が、一九三〇年に、ジェトゥリオ・ヴァルガスによって転覆されたが、それは、ブラジルの主要な収入源であったコーヒー価格の暴落によって引き起こされた危機の時代にあたっていた。打ち続く経済的・社会的な混乱は、一方の共産党と他方のファシズム的なインテグラリスタ(民族結集行動)党への両極化を引き起こした。少なくとも二〇万人のメンバーを抱えた後者の立場は、ナショナリズム、反ユダヤ主義、反共産主義を掲げて、自由主義を否定するものであった。彼らが追求したのは、この国の多様な民族集団をいわば溶合させて、歴史的・文化的な立場から定義されるブラジル人種を創りあげ、庇護《パトロネジ》と従属で成り立つシステムをやめて、国民と体制とに忠誠を尽くすシステムへと置き換えよう、というものであった。彼らは、国民総動員の状態を夢見て、普段から儀礼や挨拶、(緑色)シャツを揃えていた。

他の場合と同様であるが、ファシズムからの影響と宗教とをはっきり分別することは難しく、加えてこの場合には、軍による改革運動(青年将校運動)から区別することは困難であった。しかも、イタリアのファシストとドイツのナチとは、それぞれイタリアとドイツとからの移民を媒介にして、インテグラリスタ党に影響力を及ぼそうと競っていた。

ルーマニアやハンガリーにおけるのと同様に、インテグラリスタ党は、ますます独裁的になっていく体制とぶつかり合った。一九三七年にヴァルガスは、コーヒー農園主のエリート層や都市中間層の一部と結んで、権威主義的な「新国家」を打ち立てた。ヴァルガスは、外国勢力に服従しているとしてインテグラリスタ党を解散させた。

興味深いことに、この体制は親ナチに対して、よりいっそうきつい対応をしている。というのも、イタリア人によるラテン的連帯の主張は、ブラジル内で一定の反響を持っていたからである。ヴァルガスの独裁体制は、イタリア・ファシズムの権威主義的でカトリック的な部分のうちの、ある側面を真似ていた。このヴァルガスによる温情的庇護政治の操作と競合できるだけの規模を持った組織を、インテグラリスタ党は形成できなかった。また、農園主の奴隷状態にとどまっていた農村部の貧民たちに対して、東ヨーロッパのファシストたちが行ったアピールと同等の展開をすることも、この党にはできなかったのである。

ラテンアメリカの体制のうち、最もファシズムと似ていたのは、アルゼンチンのフアン・ドミンゴ・ペロンによる独裁である。アルゼンチンは、他のどのラテンアメリカ国家よりも工業化が進んでいて、急進右翼の古い伝統も存在していた。この急進右翼は、フランスやスペインの保守的なカトリック系ナショナリズムから、多くを摂取していた。

ペロンは一九四三年に、同年樹立された軍事政権の労働大臣としてはじめて登場した。体制に対する民衆の支持を取り付けようとして、ペロンは労働組合に接近した。彼がおおいに交渉した結果、政府は福祉政策と所得再分配政策を導入し、労働組合の方は、国際的優位を目指すアルゼンチン政府の方針を支持することとなった。一九四六年、軍事体制が崩壊したあとの大統領選挙に、ペロンは勝利した。

ムッソリーニ賞賛と対になってペロンによって主張されたナショナリズムと社会主義との結合、単一政党組織の追求は、見る者にはまさにファシズムとの類似を思わせる。しかしながら、ペロンは大衆政党の党首として権力の座についたわけではなかった、という事実が意味しているのは、アルゼンチンが、イタリアやドイツで生じたような国家構造の侵食を生じなかった、ということである。ペロン体制はまた、反対派にも存在の余地を残していたのである。

ファシズム運動の敗北

多くの体制や運動がファシズムの諸側面を真似ていたことはたしかであるが、明らかにファシズム的な諸運動は、全般的に、体制になろうとした苦闘の揚げ句、うまく行かなかった。経済危機と共産主義の脅威は、現実には共産主義者がほとんどいなかった所ですら、きわめて広く見られたものだったので、そうしたファシズム運動の失敗には単一の直截の原因があるわけではない。

最も説得的な説明は、イタリアやドイツや、そしてある程度ハンガリーもそうだったように、ファシズムが議会での影響力と街頭行動とを結びつけた所で最もうまくいったのだ、というものである。イタリアやドイツでは、ファシストは議会でも街頭でも強力であった。ハンガリーでは、ゲンベシュが議会体制内の政府で権力の座についたが、しかし保守派の連携相手に対抗しうるほどには、議会外での十分な勢力を保持していなかった。フランスでは、議会で右翼は弱体であった。フランスの極右は一般に、あまりに反議会主義であったので、選挙に参加することも拒んだ。さらには、自分たちの議員がブロックを組んで政府を構成した場合でも、その堅固なブロックに信頼を寄せるということはできなかったし、街頭での成功を権力奪取に転換することもなかった。いずれにしてもフランスの選挙制度は、ドイツやイタリアでのように極論派に好都合ではなかった。

東ヨーロッパやブラジルでは、ファシストは選挙で勝利を収めた。しかし、ほとんど民主主義的な伝統がない国では、あたかもファシストが現実の脅威になるかのように見えた時にはいつでも、保守派にとって議会を一時停止するという、まことに都合の良い方策があった。加えて東ヨーロッパのファシストたちは、ドイツやイタリアの仲間と比べても、社会的により急進的であった。ユダヤ人資産の没収要求や「外国人」雇用者に反対するストライキは、ユダヤ人やその他の少数民族がブルジョワジーの大きな構成部分を占めてきた東ヨーロッパにおいてこそ、より危険度が高いように見えた。そしてファシストたちは、土地を要求する農民たちを支援することによって、土地所有者である土着のエリートを直接攻撃した。

アントネスクとその同類の者たちは、共産主義者と同様にほとんど所有権に配慮しない運動を、嫌悪した。保守派からの支持を欠いた東ヨーロッパのファシストたちは、ナチからの支援を得てはじめて権力を勝ち取ることができた。しかしナチは、ファシストたちの極端なナショナリズムを信用していなかったので、ナチの支援はいつでもすぐに期待できたわけではなかった。

第6章 灰から飛び立つ不死鳥か

ウル・ファシズム[「不滅のファシズム」を意味する用語]は、依然としてわれわれの身のまわりにあり、ときには普段着を身につけた形で存在している。そうした場面で誰かが、「俺はアウシュヴィッツを再開させたい。イタリアの広場で黒シャツ隊がまた行進して欲しいのだ」といったのであれば、われわれにとってことは簡単になるだろう。しかし人生はそれほど単純ではない。ウル・ファシズムは、まるで罪のないような偽装のもとに戻ってきうるのだ。われわれの義務はその偽装を剝がすこと、そしていかなるものであれ、その新たな例証を指差すことだ。いかなるときにも、世界のいかなる所でも。

ウンベルト・エーコ、一九九五年六月二二日

エーコのアピールがいかに感動的であっても、これでは、現代社会におけるファシズムを理解する手段としては機能しないであろう。もしファシズムが「普段着」を身にまとうことができるのであれば、われわれのまわりにある数多の運動のどれがファシストだと、どうやっていえるのであろうか。われわれのファシズム観に最も似ているものに目を向けるべきなのか、あるいは、ほんのわずかでも

似ているものすべてに目を向けるべきなのか。

エーコは、学問的な調査研究の基本的約束(さらには人びとの間での実り豊かな意見交換に関する基本的約束)を破ってしまっている。主張が有用であるためには、反証の余地がなければならない。理論的にその言明に反駁しうる証拠が、想定可能でなければならない。しかし、どのような証拠も、ある運動をファシストとするエーコの見解に反駁することはできない。ある者が、かくかくの本質的性格が問題の運動には欠けていたのではないか、といったとしても、返答はいつでも「でも彼らは普段着をつけているのだよ」といえばすむのだから。

たしかに、極右のリーダーたちが、党員のうちでも最も純粋な部分に向けて語る際に穏健な立場を説くのは、ファシズムを覆い隠すものであり、一度権力を取れば脱ぎ捨てられるものだろう、という証拠を示すことはできるかもしれない。しかしリーダーたちだけが、党の性格を決めるわけではない。穏健な政策が成功するとすれば、より多くの穏健な党員や支持者をつかむことができるであろうし、それが、事前には想定していなかった結果にリーダーたちを拘束する可能性がある。実際にイタリアでは、穏健路線がネオ・ファシストたちを、最終的に保守主流に組み入れる結果につながった。それとは対照的に、イギリス国民党(BNP)の穏健路線は最終的に内部抗争を引き起こし、党の退潮に結果したのである。

イタリアの場合を除けば、〔第二次大戦後に〕明確にファシストとかナチを名のる党が選挙で意味ある勢力になることはまずなかったので、それらは本章の主題ではありえない。ここでの関心は、ある程度の成功を手にした勢力に向けられている。それらの党は、ファシストのラベルは決まって退けているが、しかしそれらに敵対する者は(さらには、ときには学者も)、彼らをファシストとして糾弾していた。今一度確認しておくが、ここでは、それらの党がファシストであったか否か、と問題を立てようとしているわけではない。それは、定義次第だからである。われわれにいえることは、戦間期や戦後における極右の運動には大きな多様性があるので、それらすべてを含みこむような定義はきわめて大まかなものとなってしまうだろう、という点だけである。

私としては戦後ファシズムについても、二〇世紀前半のファシズムの展開について扱ったのと同様に、対象とすることにしたい。一方で私は、現在と戦間期との運動の類似と相違とを、いくらか明らかにするつもりであるが、それらが「本質的に」相同であったか否かという不可能な問いは、立てないことにする。他方で私はまた、それらの運動がファシズムをどのように理解していたかという点と、それらがファシズムのラベルを拒否した理由とを追究することを通じて、運動の主人公たちが抱いていた展望について検討することにする。

戦後のファシズム

一九四五年において、ファシズムへの信頼はまったく地に堕ちていた。ソ連やイギリス、アメリカ合衆国における戦後体制のほとんどは、ファシズムに対する闘争に自らの正統性を由来させていた。ドイツでは、世論調査をすると、ナチズムは良い考えではあったが実現のされ方がまずかった、という感情を多くの人が持っていることが明らかになったのではあるが、それでもネオナチは、わずかに地方で成功したところがあったにすぎなかった。ドイツ憲法は、反民主主義的な政党の結成を禁じ、左派の政府も右派の政府も、ファシスト組織の形成を禁止する姿勢を明確にしていた。戦後の期間を通して、ドイツ経済の奇跡的発展と安定した政府とが、この禁制を破ろうとするような政党が出現することのない保証となっていた。

イタリア社会はこれほど安定してはいなかったが、しかし一九六〇年に、キリスト教民主党政府が政権にとどまるためにネオ・ファシストの議員たちの投票を利用した際には大規模なデモが起き、首相の辞職を余儀なくさせた。スペインのフランコ独裁ですら、外国からの批判を恐れて、ファランへ党の勢力を削ってでもキリスト教民主党や王党派の勢力拡大を可能にするようせざるをえなかったのである。

しかし、だからといって、明白にナチズムやファシズムから影響を受けた、実に多くの運動が存在したことも否定できない。ある場合には、そうしたラベルの使用は、みずからを社会の外部に置こうとする意志表示を含んでいた。アメリカ合衆国における「アーリア白人軍団」司令官を名乗るチャールズ・ホールの、あるアメリカ人研究者との対話は、そうした心理の一側面を如実に明らかにしている。

ほんものの白人分離主義者であれば、ほんものの国民社会主義者としていつも同じような感じを抱いているものだ。鉤十字の魅力にはいつでもやられてね、鉄十字やらなんやらも同じだ。鉤十字が最も憎まれたシンボルだというのはたしかだ。だが、それでも他方では一番愛され、可愛がられるシンボルなんだ。鉤十字を刺青したり、シャツに印をつけたりすれば、他の連中とは九九・九％別の自分になれるんだぜ。（Betty A. Dobratz and Stephanie L. Shanks-Meile, *The White Separatist Movement in the United States: "White Power, White Pride!"* より）

ホールのような人たちは、現在の主流をなす政治や社会を意図的に拒絶している。一九九〇年代において合衆国には、明らかなネオ・ファシスト集団メンバーが最大で一万から二万人、存在していた。それらの小集団は、ファシズムへの軽蔑や非難に対抗していただけでなく、また、それとはまったく別のアメリカ極右の伝統に対しても闘っていた。

たとえば、「愛国者運動」という例を取り上げてみよう。この運動は、一九九三年二月にテキサス州ウェーコで宗教セクト〔ブランチ・ダビディアンズ〕の本部をＦＢＩが包囲して手入れした際に、七六人の死者が出たあと、自然発生的に生まれた統一性もない武装市民集団である。この武装市民たちは、アメリカ革命時の武装市民の伝統こそが、連邦政府が暴走しないように予防できる道だ、と主張していた。銃を携行した市民のみが、アメリカ人民によるもともとの憲法を守り、政府がグローバルな世界秩序のために国を売り渡すのを止めることができるのだ、と。

この武装市民たちは、ファシズムや今日のヨーロッパの極右と同様にナショナリズム、ポピュリズム、反共産主義を主張していたが、しかし徹底して自由至上主義者であるという点で異なっていた。彼らは、政府による運転免許証発行や課税にすら反対していた。政府は憲法の真の意味を侵害している、と主張する者がいたり、また別の者は、憲法は自由なアメリカ人に無理やり課されたもので、国連や教皇庁やイギリス王政や、あるいは国際金融によって合衆国が支配され続けていることを隠すための覆いなのだ、とすらいいつのった。グローバル化をすすめる連邦政府に対するこうした敵愾心は、ちょうどヨーロッパの極右がＥＵ（ヨーロッパ連合）に対して抱く敵愾心を想起させる。こうした愛国者の一部は、ただ白人のみがアメリカ本来の自由の享受者であって、黒人については決してありえない、と主張するのである。

ヨーロッパに目を転じよう。イタリア社会運動（ＭＳＩ）の顛末が示しているのは、比較的ファシストに好意的なところでも、このファシストというラベルを使うことは不利になる、という点である。

一九四六年に創設されたＭＳＩは、恥じることもなくムッソリーニの後継だと主張し、はじめのうちは、ひそかに生き延びたイタリア・ファシストたちによって指導されていた。イタリアには信用するに足る保守系の民主主義政党がなかったので、この運動は持続することができた。ほとんどの保守的な投票者は、右翼政党への支持は反共産主義勢力を分断しかねないとおそれて、左右の中央に位置するキリスト教民主党に投票していた。キリスト教民主党への支持を拒否する保守派が、ＭＳＩかやはり少数派であった王党派に投票したのである。

半世紀の間ＭＳＩは、戦前のファシストからの遺産がはらんでいる矛盾と格闘したが、そのなかには、ファシズムとはなんであったのかについての見解の相違や党派争いが、多く含まれていた。戦前のイタリア・ファシズムの急進的部分からは、協調的組合主義や労働者の経営参加、主要工業の国営化、といった社会綱領が引き継がれて主張された。

しかしその政治計画は、もっと穏便であった。すなわち、合衆国モデルに近い大統領制である。通常は、穏健派が主導権を取り、伝統的な保守派との連携が主張された。というのも、かつてムッソリーニによる権力奪取後に彼についた南部の保守派の間で、選挙における党への支持が最良だったからである。一九六〇年代、七〇年代において、不満を抱えた急進派が割って出て、テロを含む挑発的なキャンペーンを展開したこともあった。しかし、いずれの派閥が主導権を取っていたにせよ、ＭＳＩは選挙で九％以上の得票率を得たことはなく、通常はさらにまったく低い得票率にすぎなかった。

一九九二年一〇月、ローマ行進の七〇周年記念をMSIは、行進とローマ式敬礼と歌とで祝った。しかしながらその年は、戦前のイタリア・ファシズムとの関係においてこの運動が根本的に変化した年であった。

この変化は、東ヨーロッパにおける共産主義の崩壊によって加速されたものである。強力だったイタリア共産党は社会民主政党へと変身し、それによって、極右はみずからの主要な敵を失うこととなった。また同年には、ウンベルト・ボッシ率いる北部同盟〈Lega Nord〉が台頭して、生産性が高いという北イタリアを「アフリカ的」南イタリアから切り離して北の自治権を確立すべきだ、という主張をしていたが、それが、南に比重のかかっていたMSIに現体制護持の姿勢を余儀なくさせたのである。一九九二年から一九九三年にかけて、それまで支配的であったキリスト教民主党が、汚職捜査の衝撃のもとで内部分裂した。反ファシズムがもはや政治的許容性の試金石ではなくなり、選挙空間が右寄りに大きく開けることになった。MSIは、まさにその方向に踏み込んだのである。

戦前のイタリア・ファシズムとの個人的な関係を持たない新たな世代の行動派が、ジャンフランコ・フィーニに率いられて党を変容させていった。フィーニは、反ファシスト・レジスタンスとの和解のふりをみせ、独裁を非難して、民主主義を価値体系として受け容れ、ファシストによる人種差別の法律を否認した。改革されたMSIはイタリアに、それまではまったくなかった党派、自覚的な右翼カトリック保守政党を与えることになった。一九九五年、MSIはこれらの変化を確認して、国民同盟（AN）へと変身した。その一年前、この党は選挙で得票率一四％を達成して、メディア王シルヴィオ・ベルルスコーニの政権に参加し、その後は一貫して右翼政権に参加するところとなった。保守派内での確執は続いていたが、二〇〇九年に国民同盟はベルルスコーニの自由人民党と合併した。

たしかに国民同盟は、戦前のイタリア・ファシズムに負うところがあり、「ポスト・ファシスト」という用語の使用は、それを認めていることを意味していた。党の急進的部分は、何回もの分裂を超えて存続していた。たとえば二〇〇三年、かつての統帥の孫娘であるアレッサンドラ・ムッソリーニが離党した際も、そうであった。

メンバーのなかには、サッカーのフーリガンのようなスキンヘッドによる暴力行動に共感を寄せる部分もあった。国民同盟は、左右双方の革命家たちから発想をもらっているとして、共産主義者のアントニオ・グラムシを引くと同時に、〔ナチの秘密国家警察長官〕ハインリヒ・ヒムラーのイタリア版であるユリウス・エーヴォラも、引き合いに出していた。国民同盟の主流派は、人種とは不平等にできているものだという思想を否定していたが、移民の流入は国民のアイデンティティに対する脅威だ、と見なしていた。

しかしこの国民同盟をファシストとみなすには、ファシズムのきわめて広い定義が必要になる。実際のところ、イタリア右翼のなかでも最も極端な要素は北イタリアの北部同盟であり、それは移民の流入を苦々しく思い、EUは小児愛にとりつかれた連中が運営している、と信じ込んでいるのである。

一九四五年以降のフランスでは、政治的影響力を振るおうとする運動にとって、ファシストの名前を用いることは、イタリアよりもはるかにむずかしかった。フランス固有の極右的な伝統と結びつくことも、占領下でのナチへの協力のゆえに、やはり薦められるものではなかった。一九七二年における国民戦線（FN）の結成においても、そうした困難が伴っていた。

国民戦線は、移民問題を選挙での争点にしようとしていたいくつかの組織を、結集したものであった。リーダーとして、ジャン・マリー・ルペンが選ばれた。一九八三年には、この党は、ドルー市〔パリ西方約八〇キロのところにある小都市〕の市議会選挙で一七%の得票率をあげた。内部分裂にもかかわらず、また二〇一一年には娘のマリーヌ・ルペンへと党首が引き継がれたのであるが、大統領選挙ではつねに一五%を超える得票率をあげてきた。二〇〇二年には左翼の分裂に乗じて、ジャン・マリー・ルペンは現職の大統領ジャック・シラクについで〔第一回投票で〕第二位となった。つまり、決選投票においてシラクと対決する権利を得たのである。

いくつかの点で、フランスの国民戦線はファシズムと似ている。イタリアのフィーニが反ファシストとの和解のふりをしたのとは対照的に、ルペンの方は、ホロコーストに関する「歴史修正主義」の見解（ホロコーストなどなかった、という人びとの見解）に共感しているのではないか、という疑念を引き起こした。それでもやはり国民戦線は、自分たちはファシズムから負うものなど一切ない、と否定する方に強い関心を示している。それは創立にあたって、多様な支持者を結びつけ、さらに広く訴えかけるために、より受容しやすい手段として「国民《ナショナル》」という名称をとった。

しかしそれでも、左翼からの強力な対抗に直面した。左翼もまた、レジスタンスからの遺産のゆえに、自分たちが国民を体現しているのだと主張できたからである。国民戦線は支持を拡大するにあたって、幻滅していた保守派を獲得することにとくに焦点を合わせて、自分たちこそが「真の右翼」だと主張した。最近ではみずから「国民」に加えて「ポピュリスト」を掲げているが、それは、左右双方の既存の政治家に対する庶民のうんざりした感情を表すものだとして、それを国民という名称の利点に結びつけようとしたのである。

国民戦線は人種差別を否定しているが、他方では、国民的アイデンティティの名において移民たちの帰国推進を主張している。その社会政策は、「国民優先」という用語にまとめられる。すなわち、住居政策も福祉も教育も「フランス人」に優先権が与えられる、というものである。ファシストと同じように、国民戦線は、自由市場経済と協調的組合主義の経済との間で揺れているが、しかしそれは、多くの非ファシズム政党でも同様であった。

国民戦線が明らかにファシズムと異なるのは、ファシズムのように徹底して民主主義と敵対するようなことはしない、という点である。反対にそれが明言している目標とは、国民投票の活用と議会権限の復興による人民主権の強化、である(現行の第五共和政では行政権力が強すぎるという)。それらの改革によって、選挙の対象とならないテクノクラートや確立した既存の政治家たちによる権力の掌握を弛緩させ、移民や死刑に関する庶民の真の願望や「国民的意向」が十分に聞き届けられるようになるであろう、というわけである。
戦間期のファシストとは違って、国民戦線は、選挙での競争を否定していない。また、独裁体制を立てようとしている証拠も一切ない。国民戦線は、ムッソリーニやヒトラーがしたような、選挙重視と暴力とを結びつけるようなことも一切ない。国民戦線は、たしかに暴力行使の用意があるスキンヘッドのような者をひきつけてはいるけれども、しかし過去のファシストたちと比べられるような擬似軍隊的な部隊を持っているわけではない。

擬似軍隊的な組織や行動の放棄は、単純に、同じ目標を別の手段で追求している、ということではない。ヒトラーやムッソリーニによる権力掌握が、彼らの武装した支持者たちによる圧力に依存していたという事実は、彼らの体制がどのような性格になるかにとって、決定的に重要であった。もし黒シャツ隊や、突撃隊、親衛隊が、公務や警察や軍隊の機能のある部分を乗っ取ろうという志向を持たなかったとしたら、ファシズムの歴史はどれほど違ったものになっていたであろうか。擬似軍隊的な集団は、彼らの目標をすべて達成したわけではないかもしれないが、しかし、もしそれらの行動を二次的なものにすぎないと見なしてしまうなら、戦間期ヨーロッパにおけるファシズムの意味をつかみそこなうことになるであろう。

国民戦線がその当初において、ファシズムをより受容可能なものにしようと意図していた可能性はあるが、しかし独裁体制や一党支配、擬似軍隊的組織を採用しなかったことによって、それはなにか別のものになったのである。実際にそれは、民主主義を多数派の意思の絶対的な執行と同一視する、よくある考え方を採用し、多元主義の考え方や寛容から民主主義を切り離す立場をとるのである。

現代の極右と戦間期ファシズムとを結びつけてしまうことが問題であるのは、とくにロシアの場合に明白である。たしかに一九一四年以前には、黒百人組が十全に活動していたし、一九一七年から一九一八年にかけての内戦の時期に活動した白軍は、ヨーロッパ全域にわたる反革命運動の一部であり、ファシズムの要素を一部先取りするものであった。しかし続いて成立した共産主義独裁体制は、ロシアをファシズムの発展から無縁なものとし、政治風景における参照点を変更させた。

ソヴィエト連邦の崩壊後には、極右が共産主義の変種として展開した。一九九三年一二月、愚劣にも自由民主党と名付けられたウラジミール・ジリノフスキーの党が、ドゥーマ(国会)選挙において党単位の投票で約二五%の得票をあげた。この党は、その当初、共産党が先頭に立って設立されたもので、不利な立場にあった人びとにアピールするために、スターリニズムのもつナショナリズム的でポピュリズム的、さらには反ユダヤ的な要素を利用しようとしたものであった。

しかしこの党は、じきに、それ自身で勢いを伸ばしていった。ジリノフスキー自身、血気盛んな性格で、ショーマンであり、幻想家であり、ウルトラナショナリストであり、また男性優越主義者でもあった。投票するにあたって彼はこう宣言した。「政治的不能は終わりだ。今日は、オーガスムの始まりだ。皆の衆よ、私は約束するが、来年も［大統領選挙での］オーガスムを感じられるだろう」と。

ジリノフスキーのメッセージは簡潔であった。ロシアの人民とロシアの精神とは、ロシアを屈服から立ち上がらせるであろう。彼はロシア帝国の再興を約束し、外国人とユダヤ人とを攻撃した。

ジリノフスキーはロシアの政界に存在し続けてきたが、しかしあくまで少数派としてである。というのも、他の者たちが彼の政策をかすめ取ってしまったからである。それらのうちには、ゲンナジー・ジュガーノフのもとにあったロシア連邦共産党もあり、ウルトラナショナリストの運動として再興していた。

ソヴィエト共産主義にはいつでも、富者と外国人に対するポピュリスト的嫌悪が含まれており、ジュガーノフは、レーニンとスターリンを、内戦と外国からの侵略に直面してロシア国家を守った人として賞賛していた。いまや、ロシア共産主義者たちは、霊感的なナショナリズムを讃えて「西側の唯物論的マルクス主義」を捨て去り、正教会をロシアの歴史を体現したものとして称揚した。ジュガーノフは、ゴルバチョフやエリツィンのような外国から統制されたデブの猫に対抗して、ロシア人民のために語ろう、と主張した。彼は、女と真面目な話など一回もしたことはない、と豪語して自慢するような人であった。

ここには、イタリア・ファシズムと似かよったもの、実際ナチの思想とも似かよったものが多く含まれている。しかし、ロシアにおいて独裁回帰を主張することがむずかしいことに変わりはない。ルペンと同様にジュガーノフは、市場経済や民主主義と完全に切れることには気が進まなかった。彼は多党制の維持を望み、連邦共産党が強かった議会の力をさらに増すことを望んでいた。連邦共産党は一九九五年一二月の国政選挙で(混乱したロシアの政治体制で可能な限り)勝利し、ジュガーノフは大統領選挙ではつねに一七%ほどの得票を取り続けた。だいぶ差はあるが、ウラジミール・プーチン(あるいはプーチンの名代)についで第二位であった。

ジュガーノフはつねに右からプーチンを攻撃し続けているが、しかしプーチンは、一九九九年に首相に、二〇〇〇年に大統領になって以来、ロシア連邦共産党の主張の多くをすでに取り込んできた。かつてロシア秘密警察KGBの一員で、以前にはまったく無名であったプーチンは、チェチェンの分離主義者に対する御しがたい戦争を遂行し、(柔道の黒帯であることを誇りとするような)行動する男という姿勢をとることによって、大衆的な人気を博するようになっていた。多元主義は根絶させられたわけではないが、しかし今では一九九〇年代よりも、自由の幅は狭い。きわめて保守的なロシア正教会が多大な影響力を保持しており、たとえば同性愛は、国民に対する脅威と見なされている。極右の暴力が比較的許容されている反面、民主的な抗議活動は制限されている。プーチンはみずからを「民主主義者、ロシア流民主主義者」だ、としている。

説　明

現代の極右と歴史的なファシズムとの関係が、いかに問題をはらんだものであろうとも、また、問題となる諸運動がいかにそれぞれ異なるものであろうとも、われわれがほとんど避けては通れない事実というのは、多くの人びとが、それらの集団はなにか根本的なところで共通するものをもっている、と信じているということであり、その信念が政治生活のなかで本質的な要素をなしている、という点である。

そのような信念から結果してくることの一つは、極右政党同士の間で多くの絡み合った関係が存在している、ということである。たとえば、イギリスにおける国民戦線(NF)やイタリアにおける社会運動(MSI)といった前例は、フランスにおける国民戦線(FN)の設立に影響を与えていた。イギリス国民党(BNP)は、イタリア社会運動(MSI)の穏健化を拒絶してファシストを公言する分派と、結びつきをもっていた。これらの政党の多くは代表たちがヨーロッパ規模での集まりをもち、かなりの議員たちがヨーロッパ議会における同一グループに所属している。

こうした接触があるからといって、一九四五年以前に見られたようなイデオロギー的な対立やナショナリスト同士の争いも、ないわけではない。たとえば、ロシアの自由民主党はドイツの極右と関係を形成したが、しかしその反ドイツ的ナショナリズムは、じきにその関係にヒビを入れることになった。またオランダのナショナリストであるヘルト・ウィルダースは、ルペンはファシストだと非難して、彼への一切の接近を拒否している。

極右の性格が多様であることを考えると、その台頭に単純な説明を与えることはできない。マンチェスタからモスクワに至るまで、極右がマクドナルドのチェーンを非難し、国内に入ってきた移民を攻撃している、という点からすれば、グローバル化への反対は明らかな出発点である。西ヨーロッパにおいて極右は、アメリカの極右が国連を攻撃するように、ＥＵをグローバル化の手先として非難する。東ヨーロッパの新たな民主国家がつぎつぎとＥＵへ加盟すると、東からの新たな移民の波が押し寄せるのではないか、という恐怖が引き起こされている。

しかし、極右がグローバル化を攻撃するからといって、グローバル化そのものが極右台頭の原因をなしている、といえるわけではない(「近代化」のみでファシズムが説明できるわけではないのと同様である)。むずかしいのは、グローバル化が最近になって生じた現象ではない、という点である。すなわち、いずれの国民国家もつねに、資本主義や技術革新、先進的情報通信といった面での国際化を考慮しなければならなかった。一八八〇年代からすでに、ユダヤ系のロスチャイルド銀行はコスモポリタンな金融資本の魔力を体現していると、急進右翼は見なしていた。

むしろ問いの立て方として望ましいのは、ある状況において「グローバル化」という用語がなぜ、どのように援用されているか、と問うことであろう。よく検討してみると、グローバル化として指摘されているところはきわめて選択的であるということがわかる。政治家たちは、自分たちの政策を正当化するために、繰り返しそれを引き合いに出す(「賃下げを受け容れなさい、さもないと、国際競争に耐えられずに職を失うことになりますよ」と)。

グローバル化を完全に全面的に拒絶する人は、まずいない。たとえばフランスの個人書店は、グローバルなインターネット販売との競争には不満を持つかもしれないが、しかしハリー・ポッターの翻訳本の売り上げは歓迎する。われわれが問わなければならないのは、極右は国際化のどの側面を攻撃しているのか、それはなぜかであり、その際に、国際化に対しては国によってかなりの障壁も存在している、という点を忘れないことである。

まず第一に、反ファシズムが政治的情景の構造を決めるようなことは、もはやない。世代交代が生じた結果、反ファシズムという参照系は「機械的で内実のない」ものとなってしまった。一九六八年の学生蜂起は、不注意に何気ないかたちで反ファシズムをいっそう弱体化させた。というのも、学生活動家たちは、上の世代がみずからの権力を正当化するために、反ファシズムを計算ずくのうえで操作していると見なして、それを嘲笑したのである。学生たちは見境なく、当時の諸政府をファシズムだとして非難したが、それによって、この特定の内容を持った用語が空虚なものとなっていくのを促したかたちとなった。

極右の政策がより受容されるようになったことのもう一つの理由は、知識人たちがウルトラナショナリズムの定義を転換したことにもあった。実際に彼らは外国嫌いと不寛容とを、自由民主的な普遍言語の表現へと置き換えた。そこでは、ときには相矛盾する三つのあり方で、自由主義的な価値が造り直されたのである。

第一には、フランスの思想家アラン・ド・ブノワと一九七〇年代「新右翼」によって、決定的な役割が演じられた。この運動は、一九六八年の学生運動に対する反発を代表するものであったが、右翼の発想の伝統的な源といえるものを、ある種の自由思想と結びつけ、普遍的な民主主義の価値をひっくり返すためのイデオロギーを形成しようとするものであった。

新右翼が生み出したものの多くは、新しいものではなかった。たとえば、それらが、戦間期ファシズムの発想源となった似非科学(民族間闘争の不可避とか適者生存とか、個人間の必然的不平等、人種的純粋性の必要など)の焼き直しにすぎないことを見抜くのは、簡単である。独創的であったのは、国家内の少数派差別を正当化するための「同等の権利」の援用である(ただそれも、ナチ急進派のオットー・シュトラッサーがすでに同様の考えを持ってはいたので、まあ独創的、というくらいか)。あるネイションのいわゆる独自性を保持していくためには、すべての人種が純粋である権利を持っているのだから、少数民族を差別化する必要がある、と新右翼は主張したのだった。新右翼は少数の(ただしヨーロッパ規模での)知識人グループに訴えただけだったので、このようなウルトラナショナリズムの改定が新右翼の台頭につながっていくとは、すぐには分からなかった。

ついで第二に、自由主義をナショナリズムとつなぐ別の動きが存在した。二〇〇二年のオランダ総選挙におけるピム・フォルタインの政見と候補者リストは、一見したところでは現代極右の典型であった。それは国内にいる移民について「オランダのイスラーム化」だと非難して敵対し、反人種差別法の廃止を求めていた。しかし、公然とした同性愛者であったフォルタインは、イスラームを非難するにあたって、女性とゲイとに対するヨーロッパの寛容と権利承認を脅かす「遅れた宗教」ではないか、と主張したのである。フォルタインが選挙前に殺害されたにもかかわらず、彼の候補者リストは健闘したが、内部抗争もあって敗北した。

その支持者のほとんどは、二〇一〇年までには、ヘルト・ウィルダース率いるオランダ自由党へと支持を移した。ウィルダースは、ヨーロッパの他国の極右と近かったが、やはりイスラームは自由への脅威だと見なしていた。そしてフランスの国民戦線のリーダー、ジャン・マリー・ルペンに対しては「ファシスト」だとして非難したのであった。この種の「自由からする不寛容」は、オランダでは他国以上に発展した。フランスでもやはり、国民戦線の後継指導者マリーヌ・ルペンは、男性同士の同性婚への反対を心から支持したわけではなかったし、一方スイスでは、排外的な姿勢を持つ民主中央連合がゲイの支部をもっている。

自由主義の改定は、第三に、矛盾をはらんだ形で、極右に好都合に働いた。一九八〇年代から、とくにイギリス首相マーガレット・サッチャー、合衆国大統領ロナルド・レーガンが有名だが、新保守主義者が、左翼に対抗する動きに拍車をかけはじめた。経済においてそれは、規制緩和というかたちでの自由主義経済の復活を意味した。それがまたグローバルな自由貿易を意味する限り、新保守主義は、新右翼の経済ナショナリズムとは対立したが、しかし新保守主義者は自由化を正当化するにあたって、それこそはグローバル競争の時代に国を強化するものなのだ、としたのであった。文化的な面では、新保守主義は明らかに非自由主義であり、とくに移民と同性愛についてはそうであった。

サッチャーとレーガンは、民主主義を踏まえた保守派であったが、しかしフランスでは新自由主義は極右で進展し、主流派はむしろこれに抵抗するかたちとなった。さらに加えて、国民戦線が大衆政治の場に入ってきた状況は、戦間期ヨーロッパでファシズムが勢力を持った状況を想起させるもので、国民戦線は、幻滅していた保守派の人びとに訴えるものとなった。

一九八一年には、グローバルな経済危機の最中で、フランスでは社会主義派が大統領選挙に勝ち、明白な左翼多数に基礎づけられた政権が史上初めて成立した。他の国々では新保守主義が勢力を誇っていた時期に、フランスの右派は派閥に分かれて対立を繰り返した。国民戦線に投票した人びとは、当初は比較的裕福で、年配者、カトリック信者、保守思想を持ち、反社会主義であり、党の綱領も、こうした投票者たちの自由市場を支持する主張に一致していた。国民戦線の人種主義は、こうした自由経済の主張を強めるものでもあった。というのは、アラブ人は「不適合者」の象徴であり、市場で競争することもできず、福祉にばかり頼って無為徒食だ、としていたからである。

その後、右派の主流が(あまり首尾一貫してではなかったが)自由経済路線に向かったのに対して、国民戦線はそこから離れることになった。国民戦線は、投票者のほとんどを右派から、それもフランスの地方小都市の右派から、とくに獲得し続けている。地方政治において国民戦線は、左派ではなく右派と協力体制をとっている。しかしまた、若年の労働者階級男子の党ともなってきており、彼らはしばしば失業中で、比較的教育程度が低く、大都市の近郊工業地帯に暮らしている。

一九九五年の大統領選挙では、労働者の三割が国民戦線に投票したが、それは社会党や共産党への支持より上まわっていた。国民戦線内部では、議会右派との共同戦線を主張する人びとと、左派の投票者をつかみたい人びとの間に、緊張が存続してきた。しかし二〇〇〇年代までには、ほぼ新保守主義を放棄し、グローバル化と外国人労働者に対抗してフランス人の雇用を守ろう、という路線をとるようになった。これはまた、大部分の右翼にも訴えかける政策であった。貧困層に対する国民戦線の魅力は、ヨーロッパの他のところでも同様の事例を見ることができる。

西洋経済の脱工業化を原因とする、ここ数十年にわたる非熟練若年層の失業問題は、こうした現象の明らかな理由となっている。ロシアや旧東ドイツでもまた、自由市場改革の衝撃のもとで、重工業と農業の瓦解が生じ、それらの部門は極右への支持基盤となっていった。経済的困難は、文化的な不遇感と照応している。多くの若者にとって仕事は、もはやアイデンティティや地位を与えてくれるものではない。あふれるほどの消費を促す文化的圧力や、さまざまな商品の性的アピールとの結びつきのゆえに、貧しい若者たちは置いてきぼりの感覚を抱いている。彼らは、政府が階級的不平等に対処すべきなのに、それ以上にジェンダーや人種や性的問題に取り組みがちだということで、そうした政府に対して腹を立てている。階級的不平等だけは資本主義につきものなので、政府はそれを無視しているのだ、と。

その結果、極右は金持ち層に対して腹を立て、キャリアウーマンを嫌う。ゲットー化した郊外団地で、若い白人の男たちは移民と対峙している。彼らは、移民を犯罪集団として非難し、「やつら」の女を襲ったりする。そして、なかには、抑圧された「少数派《マイノリティ》」という役回りを彼らに与えてくれる政党に、加わるようになる。たしかにある意味で彼らは、「少数派」である。もちろん貧しい白人は、支配的な民族集団のうちの恵まれない構成員であり、その結果として彼らは、警察やジャーナリズムからは移民よりもましな共感を受けているが、しかし、およそ特権的なものとは見なされない。

労働者が極右に近づくのは、一九九〇年代から多くの社会主義政党が新保守主義的な路線をとるようになった、という現実からも来ているところがある。左右の差異が消滅し、双方とも、経済の変容で勝ち残った人びとのために発言し、敗れた者たちは代表もなしに放っておかれている。左翼が選挙で勝つために右旋回し、保守政党のほうは左翼とは差異化するために、外国嫌いを利用している。出し抜かれないように左翼は、自分たちも移民に対しては弱腰ではない、として有権者を安心させようとする。反移民政策がまともなものとされるようになるが、しかしこのようなまともさは、極右が不必要になるほど極右を正当化するたぐいのものである。いずれにせよ、移民こそが敗者である。

以上からして明らかであろうことは、現在の極右を生み出した状況は、イタリア・ファシズムやナチズムが台頭したそれらとは、まったく異なっているということである。しかし戦間期にあっても、ヨーロッパの各地で脈絡はおおいに異なっており、実際ある一国内にあっても、ファシズムが支持された理由はさまざまであった。

結語

以上の諸事例の検討から示されるのは、ファシズムからの継承を公言する人びとは、めったに政治の主流に入り込むことはできない、ということである。民主的であることが当然とされる時代において、極右を受け容れ可能なものにしようと追求した人びとは、それとは異なる方向へと進んだ。イタリアのフィーニによる国民同盟は、明らかにベルルスコーニ派のさらに右翼という位置ではあったが、結局は保守主流に組み込まれた。別の対極にはドイツの暴力的な極右政党があり、スキンヘッドの多くのメンバーが反移民の暴力沙汰を起こして、衝撃を与えるための闘争を展開していた。

ファシズムの継承者のうちでも最も成功したフランスの国民戦線のような存在は、人種差別的でポピュリスト的な政党に変身して、民主主義の合法の枠内で活動する政党となった。いささかの違いがあるとはいえ、一九九九年一〇月のオーストリア総選挙で第二党に躍進したイェルク・ハイダーの自由党(FPO)も、その一つである。このオーストリア自由党はその後、リーダーの死去やEUによる処分、自由市場や福祉政策をめぐる内部分裂や抗争を乗り越えて、今ではオーストリア政治に重要な地位を占めるに至っている。イギリス国民党の場合も、これと似ていて、政治体制に食い込む様相であったが、しかし二〇一一年までには連合王国独立党(UKIP)の台頭に食われるかたちとなった。後者は、東ヨーロッパからの移民への敵対を、より伝統的な保守的嫌悪感と結びつけたのである。

戦間期のファシズムと現代の極右の間には、(極端なナショナリズムと少数民族に対する差別、反フェミニズム、反社会主義、ポピュリズム、社会的・政治的エリートへの敵対、反資本主義、そして反議会主義といったように)正真正銘の連続性が存在する。しかし同様に、(大衆動員や擬似軍隊的暴力の不在、一党体制国家の創出という野望の欠落、といったように)はっきりした違いも存在する。さらには、現代の極右は、民主主義の転覆を狙うよりも、民主主義が潜在的にはらんでいる差別的な可能性を利用しようと狙っている。だからといって、現代の極右がファシズムよりも「悪くない」とか「危険度が低い」というわけではない。それは道義に関わる問題であり、私としては最終章で立ち戻ることにしたい。

第7章 ファシズム、ネイション、そして人種

イタリアのファシズムとドイツのナチズムとは、いずれも人種差別的であったが、しかしイタリア・ファシズムは、ナチズムと同じように人種差別的であったわけではなかった。ナチ支配下のドイツでは、生物学的な人種論が、国内政治でも国際政治でも、すべての側面に浸透していた。イタリアでは、人種の健全性に関する配慮が社会政策に欠かすことができないものとされ、帝国政策もあからさまに人種差別的であり、反ユダヤ法も導入された。そしてサロ共和国は、ナチによる「最終解決」に協力した。

ではイタリア・ファシストは、彼ら自身の計略に即したとするなら、彼ら自身で最終解決を実行しただろうかといえば、誰もそうは想定しないであろう。ユダヤ人に対するナチの犯罪は、それほどまでに空前絶後だったので、多くの研究者は、はたしてナチズムとイタリア・ファシズムとを一緒に「ファシスト」として括れるのであろうか、と問うたのである。

はっきりいって、われわれはファシズムという概念を使用すべきだとしても、それでなんらかの運動や体制の実際の歴史を説明できるわけではないことを、覚えておかなければならない。つまり、相互の差異が大きな問題となるからである。さらにいえば、二つの体制間での人種政策における差異は、現実的なものにせよイメージに関わることにせよ、それらの体制間の関係において、そして国際的なファシズム受容という点でも、きわめて重要であった。

人種問題は、最近における極右台頭のなかでも、やはり複雑な要素をはらんでいる。反移民政策はどこでも重要な位置を占めているが、しかし絶滅政策という主張はめったにない。現在の極右では、人種の不平等性という考えは明らかに排除されているのに対して、かつてイタリア・ファシストにとってもナチにとっても、人種不平等論は信仰箇条のようなものであった。南アフリカのアパルトヘイト体制のように、現在の極右は人種を(ジェンダー同様に)「平等だが異なるもの」と主張する。ざっと検討しただけでも、こうした主張がまやかしなのはすぐにわかるが、しかしそれでも重要には違いない。

生物学的人種論と文化的人種論

手はじめに、いくつかの区別を施さなければならない。範疇分けを進めるためではない。当事者たちが区別を施し、それが実際的な結果をもたらし、しばしば人の生死を分けたからである。第一に、人種差別と反ユダヤ主義とをいっしょくたにしてはならない。というのも、ユダヤとは人種であり宗教ではない、とする考え方は比較的新しいものだからである。第二に、われわれは、人種論のさまざまな種類を区別しなければならない。

「反人種差別論者」の議論は、以下のようになる。宗教的・言語的・文化的差異は、それらが誰も傷つけない限り、完全に承認されなければならない。国の歴史について知っているか否かとか、サッカーのナショナルチームを応援するかどうかといったような、「忠誠度試験」はあるべきではない。誰も、民族的な出自ゆえに犯罪を犯しやすいといった目で見られるべきではなく、法を破った者は同様に扱われる。誰もが「正当な法の手続き」のもとに置かれ、同じ罪には同じ罰が対応するのであって、非市民であったとしても、処罰と流刑というような「二重の処罰」を受けることはない。それは差別的だからである。反人種差別論者はまた「文化多元主義」を唱える。それによれば、他の文化を害さない限り文化的な差異は受け容れられなければならない。

最も揺らぐことのない人種論は、人種とは生物学的に決定されている、とするものである。生物学的事実は変更できないわけだから、したがって別の民族性を採用することも不可能である。実際にナチが信じたところでは、同化したユダヤ人はドイツ人に偽装しているだけだから、余計に危険である、という。生物学的人種論はまた、諸民族を上級と下級とに区分し、下級の民族は上級の動物と明確には区分しがたい、とする。それらの「下級人」は上級人種のために活用されるか、抹殺されるかであるという。一九世紀末以降になって極右の一部が、ユダヤとは宗教であるというよりも一つの人種だ、と考えはじめ、ナチはこの考えを採用した。

二〇世紀のはじめに、人種という用語で考察したヨーロッパ人のなかで最も教養度が高かったのは、「同化論者(assimilationist)」であった。彼らの考えによれば、人はその文化のなかに生き、その価値や言語を学び、おそらくはその宗教を実践することによって、その民族文化に「同化すること」ができる。同化はしばしば進歩的な政策と結びついていたが、それは、誰もがネイションに加わることが可能だということを意味していた。このような考え方に基づいて、一九世紀に自由主義的であったフランスやハンガリーでは、ユダヤ人が自分たちの差異を公の場で示すことを慎む限り、彼らには市民権が認められた。同様にソヴィエト・ロシアでも、ユダヤ人は統治体制の頂上まで昇ることができたが、しかし体制は、目に見える差異の表現は容赦なく消し去ったのである。

多数者の文化的特徴に適合できなかった人びとへの疑念は、同化論者をしばしば人種差別に向かわせたが、しかし標的とされたのは同化できなかった(と見なされた)人びと「だけ」であって、民族集団全体に対してではなかった。現実には、同化論的な人種の考え方と生物学的なそれとの区別は、つねに可能というわけではなかったが、しかし、ある状況下においては、その区別は重要な意味合いを帯びた。

戦間期ヨーロッパにおける同化論は、ときに、少数言語を用いる学校の閉鎖といったような抑圧的手段を招くことがあった。また、ある個人が同化されるまでに総計どの程度の時間が必要かに、多くはかかっているのだとされた。モーリス・バレスは、国土との何世紀にもわたる接触を通じて、人はフランスらしさを吸収するのだ、と主張し続け、さらには、ユダヤ人は都市的な被造物であって、決して土地を耕すことがなかったがゆえに完全にはフランス的になれないのだ、と主張した。戦間期に、この「血と大地」のナショナリズムは、ファシズム的であろうとなかろうとヨーロッパ右翼において広く支配的であり、それによれば、少数民族には民族的帰属を変える展望はほとんどありえなかったので、事実上きわめて排他的に作用したのである。

さまざまな人種論の間の差異は、ナチが生物学的な議論と同化論のそれとを混ぜ合わせたという事実によって、いっそうぼやけて不分明になった。ナチは、人種的にドイツ人に近いと見なした人びとに同化を強要した。ナチ民族福祉団(NSV)は、オランダ人やノルウェー人の母親で子供の父親がドイツ人の場合には、彼女たちを強制的にドイツに移住させた。また、ポーランドの孤児院から子供をさらい、規律と重労働に従事させることによってドイツ化させようと努めた。ナチの「専門家たち」は、特定の人びとの同化可能性について科学雑誌で議論を展開し、自分たちの政策に科学的なもっともらしさを与えようとした。

またもう一つ複雑なのは、極右のみが人種論を独占していたわけではなかったということである。ときには露骨に、ときには無意識のうちに、しばしば左翼の思想や運動にもそれは影を落としていた。

左翼による人種論の歴史は本書の範囲外であるが、しかし左翼が通常は、同化の可能性についてより楽観的であり、人種政策が社会的病理の万能薬だと考えることは滅多になかった、という点は知っておいてよい。社会主義者は通常、人種よりも階級を重要と考えており、自由主義者は、出自に関わりなくすべての人びとに権利があることを力説していた。

ナチズム

ナチの人種論は、たいへん単刀直入なものであったと思われるが、かつては、ある種の学問的解釈によって、たいした意味はないといわれたこともあった。たとえばマルクス主義者は反ユダヤ主義について、労働者の貧困の真の原因を隠すために資本家が取る一手段だ、と見なす傾向を示した。ヴェーバー派の学者は、ファシストが忌み嫌った近代世界の都合よい象徴がユダヤ人であった、と議論した。それらの解釈はそれぞれにおいて価値があるとしても、しかしながら人種論は、他の目的を達成するための手段、という以上のものであった。

最近のナチズム解釈が示したところによれば、ナチズムのあらゆる側面に人種論が浸透していた。いうまでもないが、他には優先性がなかったとか、人種論こそが、そこからすべてが生まれ出る「核」であった、ということではない。後段に見るように、ときには対立しあうような別の優先性(たとえば同盟国の不興を買わないようにする必要)が、人種論のなかには織り込まれていた。体制の中心にいたと見なせるような人びとであっても、人種政策のある側面では意見が合わなかった。

ヒトラーは、人種こそは世界における第一の力だと信じていたが、それは恐ろしい結果を招くことになった。彼は、生物学的な人種論の前提的命題すべてを信奉した。『わが闘争』のなかで彼は、さまざまな人種についてアーリア人を頂点として序列化したうえで、人種間にはダーウィニズム的な支配闘争があるとし、各人種内には純粋さへの意志が存在する、と論じている。個人や団体は、人種の利益になる自己犠牲を通して、達成感を得ることができるのだ、と。

ヒトラーにとってユダヤ人とは、アーリア人種を衰えさせるために絶えず闘争している連中であり、とりわけ無国籍な資本主義や共産主義を推進して、また「健全な」民族間に戦争をけしかけて、闘争している人びとなのであった。ヒトラーはまた売春を、ユダヤ人がアーリア人に梅毒や遺伝病を伝染させて腐敗させる手段だ、と見なしていた。そこから、人種問題に対するナチの優生学的解決の唱導が出てくる。たとえば、選別的な子づくり、不適合者の断種、住民の健全な部分への福祉立法などである。ヒトラーは絶滅政策について明言はしていなかったが、しかしユダヤ人を語る際に彼が使用した言語、すなわち病原菌、ヒルのような吸血鬼、寄生虫といった言葉は、大量殺人を正当化したのである。

歴史家たちが正しく指摘してきたように、ナチが権力の座に昇りつめていく過程では、ユダヤ人は、保守派からの支持を取り付けるための一要素として、ナチが攻撃したいくつかの敵の一つとして位置していたにすぎなかった（他にはポーランド人、カトリック教徒、共産主義者、社会主義者が敵視された）。しかもユダヤ人は、なんら直接的な脅威をなすものではなかったので、まだ第一の標的とはされていなかった。ただし反ユダヤ主義は、ヒトラーと彼の取り巻きにとっては一種の強迫観念でもあり、ナチのプロパガンダにはつねに含み込まれていた。

図7の一九三二年大統領選挙のポスターを見てみよう。上部にインチキなヘブライ語風の書体で「ヒンデンブルクに投票するぞ」と書かれた下に、社会主義者と共産主義者が並べられている。伝統的なドイツ語の書体でヒトラーに投票すると記されている下に並んでいるのが、ナチの指導者たちである。また他のポスターでは、悪魔のような共産主義者が、彼らの耳元で囁く呪わしいユダヤ人とともに描かれていた。

ユダヤ人絶滅政策が不可避だったわけではなかったけれども、共産主義者に対する勝利者、ドイツ民族復興の担い手、というナチが獲得した巨大な信用は、ナチに人種差別的な計画の実行を可能にした。全権委任法のもとで採られた最初の措置のうちには、公職へのユダヤ人雇用の禁止が含まれていた。一九三五年には、ユダヤ人はアーリア人との結婚を禁止され、性的関係を持つことも禁じられた（ニュルンベルク法）。

明確に人種差別的な法律以外にも、人種差別的な目的をもつ法律があった。遺伝病をもった子孫を防止する法律（一九三三年七月）は、人口のうちのある種の人びとを強制的に断種することを可能にした。女性をして家と家族に献身させようとする動きは、人種的に望ましい人口を増やすことを目的にしていた。一九三五年には、結婚しようとする人びとに対して、人種的適合を示す証明書が要求されることになった。結婚に伴う資金貸与や大家族への褒賞金は、「人種的価値の低い人びと」には拒否された。戦争開始直前には、心理的な病気や精神的な障害のある人びとを殺害する計画が開始されている〔T４作戦〕。

これらの方策すべては、人種的に純粋で、肉体的にも精神的にも健康な人口を作り上げ、劣った人

図７　「われわれはヒトラーに投票する」．1932 年，ドイツ大統領選挙運動のポスター．

種との戦争を遂行し、東方にレーベンスラウム(生存圏)を確保できるように、という目的を持ったものであった。はじめのうちは、ユダヤ人にとって暮らしにくくなるから移住して出て行くだろう、と期待されていたが、政府としてはユダヤ人が財産を持って出て行くことは望まず、外国政府のほうでもユダヤ人を受け入れることを望まなかったので、こうした期待は実現しなかった。

一九三八年一一月九日から一〇日にかけてのポグロム、いわゆる「水晶の夜」は、ナチの活動家たちによる圧力が、ヒトラーの歓心を呼ぼうとしたゲッベルスの動きと一緒になって、生じたものであった。続いて行われたのが、国家によるユダヤ資産の略奪である。移民としての追い出しは目標であり続けたが、しかし、親衛隊が反ユダヤ政策でもより大きな力をふるいだすことになる。

ユダヤ人に対するナチの政策の最終的な過激化は、東方における戦争によって早められるところとなった。しかしながら、「ユダヤ・ボリシェヴィズム」に対する戦争が一貫してナチの目標であった、という点は記憶されなければならない。一九三九年一月、ヒトラーはこう明言している。ユダヤ資本がヨーロッパを戦争に突入させることに成功したとしても、その結果は「地球のボリシェヴィキ化、つまりはユダヤの勝利などではなく、ヨーロッパにおけるユダヤ人種の絶滅」であろう、と。ナチ党員のうちには依然として、こうした爆弾発言を「自発的」移民を容認するものと解釈する人びとがいた。また別の党員たちは、マダガスカルやポーランドへの強制移住を意味しており、そうなれば、多くの不慮の死が伴われる政策だ、と見なした。

ヒトラーの言明はまた、占領下のポーランドにおけるユダヤ人殺害にお墨付きを与えるものとなっ

図8　ナチ行動部隊の一員によるユダヤ人殺害．ポーランド(現ウクライナ)，シニャトゥイン，1943年5月11日．

た。一九三九年一二月から、居住地のゲットー化、強制労働、そして追放が、常軌を逸したかたちで行われるところとなる。その後にロシア侵攻の準備に入ると、親衛隊の特別戦闘員である「行動部隊(Einsatzgruppen)」に対して殺害指令が出された。ある階級以上の共産党員の士官、党や国家に雇用されているユダヤ人、急進派、労働拒否者、宣伝活動家、こういった人びとは殺害せよ、というのである。このような指令は、行動部隊にとてつもない行動の自由を与えることになり、誰がユダヤ人で誰が共産主義者かを特定することも現実には困難だったので、その行動は余計に眼に余るものとなった。この行動部隊は、その地域的な「活動」によって、何十万ものユダヤ人を殺害したのである(図8参照)。

ヒトラーと彼の部下たちが、一九三九年一月の予言の実現を予告したように、その年の終わりまでには、問題はユダヤ人が殺されるべきか否かではなく、どこで、いかにして、いつ殺害すべきかになっていた。一九四二年はじめには、ユダヤ人は収容所で死ぬまで働かせるか、ただちに殺害するかのどちらかだ、と決定された。総計して、約六〇〇万のユダヤ人が亡くなったのである。

しかし重大な点だが、一九四二年春までは、最終解決はボリシェヴィズムに対する勝利が実現したのちとなろう、とナチ指導部では考えられていた。しかし戦争が長期化することに彼らが気づいたとき、はじめて、戦時中であっても最終解決を実施する、と決めることになる。この殺人計画実施への変更は、ナチと同盟諸国との関係に影響するところとなった。ユダヤ人殺害は、より広範なヨーロッパの人種的再生計画の一部をなすものであった。長期戦になって、それまで以上に同盟国が必要とされていたが、国境の修正や引き直しが同盟国同士を対立させかねないことを、ナチは分かっていた。したがってナチは、ユダヤ人にのみ焦点を合わせようとしたのである。

反ユダヤ主義は一九三〇年代から、ナチがイタリア・ファシズムに代わって影響力を伸ばすための主要な手段の一つであったが、いまや彼らは、最終解決に同盟諸国を引き入れることによって、同盟を強化しようとした。最終解決は、いわば忠誠度の試験とされた。同盟国側にもそれは分かっており、戦局が枢軸側に不利になってきていただけに、同盟諸国はみずからの人種論を、ナチのそれとは違うものにしはじめた。いくつもの人種論の間の差異がきわめて重要なものとなり、とくにドイツの第一の同盟国イタリアにとっては重大な含意を持つことになったのである。

イタリア・ファシズム、反ユダヤ主義、そして人種

イタリア・ファシズムの反ユダヤ主義はドイツから採り入れたものだと、かつて歴史家たちは考えていた。彼らが正しく強調したように、反ユダヤ主義はイタリアではさほど強くなく、ファシストの党でも体制でも主要な地位にユダヤ人がいた。ムッソリーニの愛人の一人、マルゲリータ・サルファッティはユダヤ女性であった。

しかしながら、最近の研究で明らかにされたが、イタリアにも人種論や反ユダヤ主義の伝統は存在していた。イタリア・ナショナリスト協会は、その一九一〇年の創立以来、帝国主義を正当化するために人種論を援用し、優生学によってイタリア人種を改良できる、と主張していた。一九三〇年代までは、人種論の主要な成果は国内に関するものであった。ファシズムはイタリア統一の完遂を求めており、なぜかといえば、「茶色や黄色の人種」と競争するために必要だからだ、と正当化されていた。イタリアのナショナリストは、人類学者ジュゼッペ・セルジのような、優生学を唱える学者に注目していた。人口の質・量ともの改良こそが、イタリア人が帝国的征服という宿命を実現することを可能にしてくれるのだと、セルジは主張していた。

統一の完遂追求は、必然的に少数民族への敵対をもたらした。彼らは、国境紛争がある地帯におい

ては、とくに危険な存在だと見なされた。権力の座につくまでは、ファシストの行動隊が北東地域において「劣等の」スラヴ系少数民族に対して攻撃を仕掛けた。権力を取ってからは、第一次大戦後にイタリアに併合された南チロルのドイツ系少数民族を、強制的に同化の対象とした。その際、チロル地方のドイツ語話者はハプスブルク帝国支配下にドイツ化されてしまったイタリア人なのだと証明された、とするいかがわしい人類学的・歴史学的証拠が、体制によって引用された。こうした推論によって、氏名のイタリア化、ドイツ語新聞の禁止、行政におけるイタリア語の強制的使用、ドイツ系学校の閉鎖、といった措置が正当化された。ヒトラーはイタリアとの友好関係が必要だったので、こうした差別措置を見て見ぬふりをしたのである。

反ユダヤ主義はそれほど広まってはいなかったが、やはり存在していた。イタリア・ナショナリスト協会は、公的には反ユダヤ主義を掲げていなかったが、ユダヤ人には愛国心が欠けているとして、ときおり糾弾の対象としていた。反ユダヤ主義の主要な源泉は、カトリックの新聞であった。それは一八九〇年代から、ユダヤ人をキリスト教の敵としてだけでなく、人種として扱い、その差別と、追放までを主張していた。

ファシズムは、カトリック教徒とナショナリストたちの支持をいずれも頼みにしていたので、反ユダヤ主義を採り入れるかたちとなった。ファシズムの「平常化」に反対し、より徹底した革命を求めていたロベルト・ファリナッチのグループに、それはとくに顕著であった。それらの急進派はドイツをも批判していたので、結果として、彼らの見解はナチズム礼賛には依存しないものとなった。

それでも一九三〇年以前には、人種が、ドイツで広く認められるように内外政治に方向を与えることはなかったし、まして反ユダヤ主義については、もっとそうであった。イタリア・ファシストは、不適合者を除去することよりも、出生率を上げることに多くの関心を寄せていた。国外での諸運動に影響力を及ぼすことを追求していたムッソリーニは、イタリア・ファシズムの普遍主義を、ナチの人種論に対置すべきものとして推進した。一九三〇年に彼は、生物学的人種論をからかっている。彼は、人種などは「感覚」みたいなものだと見なしたが、意味するところは、誰でもが獲得できる、というわけである。

しかし一九三〇年代なかばから、ファシズム体制の人種論や反ユダヤ主義は強くなった。一九三四年から一九三五年にかけて以降、(列強のなかではドイツのみが支持した行動であった)エチオピア侵攻を正当化するために、ファシストたちは「アフリカの劣性」を唱えた。植民地支配は、イタリア人種そのものの統合性に、より大きな注意を向けることにつながった。ユダヤ人もイタリア人種の一部だと多くの人が認めていたので、反ユダヤ主義は必ずしも支持を受けてこなかった。

しかし、一九三〇年代なかばまでには、あまりに多くの外国のファシズム運動がナチズムの方につくことになったので、ムッソリーニは、それと競争できる唯一の手段は、自分自身の反ユダヤ主義の支持者たちを強化することだ、と考えるに至った。さらに、これもナチズム台頭の間接的な結果であるが、ユダヤ人が反ファシズムの背後にいる第一の勢力だ、とムッソリーニが確信するに至ったということである。

イタリアのファシズム体制は、生物学的人種論と反ユダヤ主義を公式に採用した。一九三八年からは、ユダヤ人はさまざまな職業をやめさせられ、その事業は接収されることになった。ファシストのうちには新たな展開を嘲ける者はいたが、しかし辞任した者は誰もいなかった。おそらく、体制の代弁者たちが依然として文化的あるいは(および)宗教的な人種の定義を用いていたという事実が、彼らを安心させる役割をしたのであろう。定義がはっきりしていなかったことから、はじめのうちは法の適用も曖昧になされていた。一九三九年以降になって、ユダヤ人に対して、彼らが自分の両親は生物学的に「アーリア系」であると証明できれば良いとする政令が出されて以降、自由裁量や腐敗が起こる可能性は増した。

一九四二年からは、文化的人種論と生物学的人種論との区別がふたたび問題となったが、それは、連合国軍がイタリアに接近してきており、ドイツとの同盟が賢明ではないように見えてきていたからである。ドイツからユダヤ人強制収容の要請を受けたイタリア政府は、イタリア市民権を持った者は守られなければならない、と応答した。フランスやギリシア、クロアチアにあったイタリア軍占領当局も、ユダヤ人の引き渡しを拒絶した。ドイツは、イタリアの非協力がその他の同盟国の抵抗を力づける結果になったと、認めざるをえなかった。

一九四三年にイタリアが降伏した後、サロ共和国が北イタリアを統制下に置き、ドイツ人に対してはそれまで以上の影響力が与えられた。しかし、ドイツの資金と軍隊へのサロ共和国の依存があったからといって、イタリア・ファシストの全面的な責任回避が可能となるわけではない。サロにおいても、イタリア人の助力なしにドイツ人はユダヤ人の強制収容はできなかった。そこでドイツ人は、すべてのユダヤ人を収容するためのサロ政府の独立的な決定を利用し、イタリア警察を利用したのである。しかしながら、ユダヤ人の八割以上は、住民による連帯のおかげで逃れることができたのであった。

占領下ヨーロッパにおける人種論

人種論の意味とその政策上の含意に関する論争が占領下ヨーロッパで問題になっていたことは、ドイツ人も認めていた。ドイツの勝利がほとんどなくなり、一九四三年一月スターリングラードで敗北が明確になると、ナチはユダヤ人迫害を強化した。いまや、ファシストであろうと保守派であろうとナチとの同盟体制は、強制収容に関与することについてより慎重となり、同化主義と生物学的反ユダヤ主義との区別が、ふたたび政治的に重要なものとなった。

ルーマニアにおいて鉄衛団は、宗教を民族の基礎と見なし、折にふれて生物学的人種論を非難していた。しかし鉄衛団は、親フランス派の自由主義エリートの信用を落とすためには、人種論を用いた。

それはみずからを、ダキア人の農民の末裔として輝いているのだ、としていた。ダキア人とは、古代ローマによる征服以前に住んでいたとされる、ルーマニアの先住の民のことである。鉄衛団の主張によれば、現在のルーマニア統治エリートは、ローマやトルコ＝ギリシアの占領勢力の出身であり、ユダヤやフランスの影響力をひいきにして、国を腐敗させてしまった。

一九三〇年代末までには、ルーマニアでも、絶滅主義的な反ユダヤ主義の発現が一般化していた。そして戦争の勃発と権威主義的なアントネスク政権のもとで、多くのポグロムや虐殺が行われた。それらのうちには、以前にコドレアーヌが警察長官を殺害したヤーシにおける、とりわけひどい殺害事件も含まれている（一九四一年六月、一万人以上が犠牲になった）。ルーマニアは、ドイツによるソ連侵攻に軍事力を提供し、ドイツ軍によるユダヤ人大量殺害にも加担した。ルーマニア政府は、はじめのうち、ドイツによる強制収容計画に同意していたが、しかし一九四二年末までには、ユダヤ人引渡しを拒否するようになった。それは、教会と王家からの抗議を受けて、民族の宗教的定義が今一度重要なものとなっていたという事情にもよっていた。

イタリア、ルーマニア、ブルガリアと、強制収容に抵抗した国々が、組む相手を変えたことは偶然ではない。他のところでは、ナチは直接的な圧力をかけて、またイタリアでの事例が示すように、ほとんど民衆の支持もなかったファシスト強硬派の助けを借りて、強制収容を強行することができた。ハンガリーの体制は、一九四四年に国が占領されるまでは、ユダヤ系住民を強制収容せよという要請に抵抗していた。

フランスでもまた、政府は疑念を拡大させていた。一九四二年末、政府はフランスのユダヤ人から国籍を奪うことを拒否したが、しかし、フランス国籍のユダヤ人や外国籍のユダヤ人が強制収容されるのに、すでに進んで手を貸してしまっていたがゆえに、ドイツ圏内に囲い込まれた状態は変わらなかった。一九四二年一一月、ひとたびフランス全土を占領下に置くと、ドイツ人は、外国籍ユダヤ人もフランス国籍のユダヤ人も同じように強制収容するための協力者として、少数のフランス人ファシストを利用した。しかしイタリアの場合と同様に、住民の助けによって多くの者が救われたのである。

現在の極右と人種論

社会における正規の一員として承認されることを求めて、現在の極右は、みずからが人種差別的であることは否定している。新右翼と同様に極右は、グローバル化と文化多元主義を構築している者こそが、国民ごとの差異を瓦解させる者として真の人種差別主義者だ、と主張する。

以前はクー・クラックス・クランの一員であったデイヴィッド・デュークは、白人ナショナリズムを〈合衆国〉政治の主流にも認めさせるために、全国白人地位向上協会を設立した。この団体は、「白人を含めたすべての人びとに権利と機会は平等であるべきだ」と主張している。

二〇〇二年にイギリス国民党（ＢＮＰ）が、自分たちは人種差別的ではないと主張したことと、よく似ている。

「人種差別」とは、君が他の民族集団を「憎む」ときにいわれることだ。われわれは黒人を「憎んで」はいない。われわれはアジア人を「憎んで」はいない。われわれは、いかなる民族集団とも対立しない。神が造形された集団だからだ。彼らは、われわれと同様に、みずから自身のアイデンティティに対する権利を持っている。われわれが望んでいることは、イギリスの人びとの民族的・文化的アイデンティティを保つことである。われわれは他の誰とも同じように、同等の人権を望んでいる……(www.bnp.org.uk/faq.html, 2002)

このような主張が人種論を前提としているのを指摘することは容易である。各人種は純粋でなければならない、というのだからである。そしてそれこそが、少数民族への差別を正当化する。平等の権利を持っているのは人種であって、個々の人びとではない。しかしそれでも人種論は複雑きわまりなく、他の優先事項とも絡まり合っている。今一度イギリス国民党を取り上げてみよう。二〇〇二年に選挙キャンペーンに乗り出すにあたって、この党はネイションを人種として、こう定義していた。

石器時代以前からこの島々に暮らしてきた先住の人びと、そして、ほぼ同一の系統に属する比較的少数の人びと、たとえばサクソン人、ヴァイキング、ノルマン人、そしてアイルランド人といった、この地にやってきて同化した人びと、である。

同化の可能性を認めることも、忘れられるべきではない。二〇一三年、イギリス国民党の新聞記者は、白人の移民は仕事と住まいについて問題をもたらすであろうが、少なくとも彼らの子供の子供はイギリス人になるであろう、と主張している。しかしながら望ましいのは、ナショナリストがもっと子供をつくることであり、それこそが、「民族としてのイギリス人種」を再建する「愉快な」方法なのだ、とする。実際、ひとたび非白人に目を向けると、イギリス国民党の主張は生物学的なものが支配的となる。人種混合的結婚には反対が示されるが、その理由は「この地球上のすべての生物種も人種も美しい、だから保存されなければならない」というのである。

イギリス国民党にとって政府の義務とは、民族の「唯一性」を育むことである。そこでこの党は、移民流入の厳しい制限を主張し、移民に対してはみずから進んで帰国するよう呼びかけることになる(党首のニック・グリフィンは、非白人がすべて去った方が望ましいと思っている、と認めている)。労働市場での優先権は「地元出身者」に与えられるべきだし、ビジネスは「地元の」企業経営者に戻されるべきであろう。おそらくは、少数民族は暮らしがひどく困難になるので、国から立ち去ることになるであろう、と期待するのである。

フランスの国民戦線は、自分たちが統治している町から移民は出ていって欲しい、と間違いなく望んでいるが、ほんとうのところ、それが望んでいるのは強制である。オーストリアのイェルク・ハイダーが主張するには、「二〇年から三〇年もここですごしてきて、そして生計を立ててきた人びとに対しては、何も反対すべきところはない」。ただ、新参者どもを送り返すことを望むばかりだ、という。

しばしば、ムスリムに対する反感が人種論を分断する。最近のオランダの極右リーダー、ピム・フォルタインにとって、宗教は人種よりも重要である。二〇〇一年九月、テロリストの自爆操縦によるニューヨーク世界貿易センタービルの破壊という出来事ののち、西側の主流をなす政治家たちは(ベルルスコーニを除いて)、大多数のムスリムと、一部少数の狂信的信者とを、注意深く区別した。

イギリス国民党は、すべてのムスリムが狂信的というわけではない、という点には同意した(これも自由主義の言説である)。しかし、イスラームそのものが危険だ、とも見なしたのであった。ちょうどヒトラーが、ユダヤ人はドイツの「ユダヤ化」のためのキャンペーンを展開している、と信じていたように、学校での「教義の教え込み」、高い出生率、そして移民流入を通して原理主義者たちは、イギリスをイスラーム共和国にしようと狙っている、とイギリス国民党は信じた。ただし、すべてのネオファシストが、こうしたイスラーム嫌悪を共有しているわけではない。ドイツのネオナチの一部は、おそらくはイスラームとナチとの交渉を想起してのことであろう、共通の敵アメリカに対する攻撃として九月一一日を歓迎したのである。

極右の政策の行きつくところが実際にどうなるかは、確実ではない。一つ不確実なことは、「流入移民」の第二、第三世代の子供たちが、将来どのような扱いを受けるかである。彼らは、依然として労働市場でも福祉制度においても差別に直面するのであろうか。極右のなかでも、強硬派と穏健派との確執が予想される。民族的によそ者と見なされた人びとにとっては、暮らしやすくないであろうことは確実であり、人種的純粋性はありえない夢なのであるから、いっそうのこと暮らしにくいであろう。オーストラリアの白人の住民は、ヨーロッパの故国に戻るべきなのか。地中海の島々に一〇〇万人からいる定年退職後のイギリス人は、帰国するべきなのであろうか。

歴史の教訓が示すところでは、人種を同質化しようとすれば、甚だしい強制と、民主的価値や人間的価値との根源的な衝突が、引き起こされることになる。ナチによる巨大な企ても、結局どっちつかずの結果を生み出したにすぎない。

ユダヤ人を絶滅させようとして彼らは、巨大な資源を動員して、それまではしかるべきものと見なされてきたすべてを否定しなければならなかった。それでもなお、彼らはドイツを人種的に同質にすることはできなかった。軍事関連の労働力の必要性から、七〇〇万の外国人労働者や奴隷の〔ドイツへの〕強制移住が指令されることになった。それらの労働者は想像を絶するほどのひどい扱いを受けたのであったが、しかしそれでも体制は、ドイツ人とこれら外国人との間に愛情関係が芽生えることを阻止できなかった。人種混交に対する被害妄想が、体制をさらに大きな、しかし同じように役には立たない、過剰な措置に突き進ませていった。

人種論の抑圧的性格は、その恣意性によってさらにひどいものにされていた。これも歴史が示している。通常は王朝に由来する偶然の成りゆきだとか、戦争の結果で定まった国境の、それぞれの側に暮らしている人びとの差異が、「深層心理」や遺伝子に関係しているなどということは、誰によっても示されてこなかった。異なる肌の色を持った人びとの遺伝子の小さな違いが、文化に対してなんらかの作用を持つのだ、ということを示した人も、まったくいない。さらにいえば、ネイション内部に存在する差異は、さまざまなネイション間の差異と同等か、あるいはそれよりも大きい。人種論の原理はまったく曖昧であるがゆえに、人種論者たちは、自分たちの考えをいかなる目的のためにもあてはめられるのである。

二〇世紀のはじめには、アーリア系とラテン系との基本的に異なる性質を言挙げすることが、一般的であった。いまや、すべてのヨーロッパ人は、イスラームとの闘争において一つにまとまるべきだとされる。ある者たちは、イングリッシュとアイリッシュは人種的に異なるといい、別の者はそうではないという。いうまでもないことだが、そうした不一致は、科学的研究の結果生み出されたわけではない。人種論とは、システムにまで組みあげられた偏見なのである。

第8章 ファシズム、女性、そしてジェンダー

ファシズムを全体主義の一形式とか、一種の政治宗教と見なす考え方をすると、単純な二項対立に陥るおそれがある。つまり、一方の行動的なエリートと、他方の、十把一絡げに操作対象と見なされ、一体として指導者の理想化に走る大衆、という二項対立である。また、統治編制という概念も、ファシスト・イデオロギーや近代的統治技法、すなわち公衆の健康や福祉など、国民と人種の健康保障を意図したプログラムを通じた統治技法の首尾一貫性を、過大評価することになるかもしれない。

たしかにファシストたちは、「大衆」とか「群衆」にしばしば言及した。しかし彼らはこの大衆を同質的なものとは見ておらず、階層秩序をもったものと想定していた。つまり、ちょうど人体において脳が他の臓器に指示を出しているように、各集団は、エリートのリーダーシップのもとで、国益のためにみずからなりの方式で貢献する、そういう階層秩序をもった大衆だ、というのである。

ファシストはまた、階級間やジェンダー間の抗争を克服し、共同体をまとめあげると約束したが、

しかし階級やジェンダーそのものが存在しなくなるとは、彼らは考えもしなかった。社会主義者やフェミニスト、そしてユダヤ人に対するファシストの不満の一つは、まさに、それらが自然的な差異を瓦解させるに違いない、という点にあり、そして間違いなく多くの人びとは、ファシズムがそれらの差異を回復してくれると考えて支持したのであった。つまるところヒトラーは、男女の役割についてはきわめて伝統的な見方をしていたのである。しかしまたファシストたちは「正当な不満」に向き合い、労働者や女性が社会主義やフェミニズムに走る原因となっていた問題と、取り組もうともしていた。

結果は複雑であった。一方では、大衆が集まる演劇や野心的な新たな余暇計画が、社会的な区別、差別を霞ませるか、覆い隠すことになった。しかし他方で党は、労働者や女性ごとに、あるいは既存の社会的・ジェンダー的な区別をそのままにした人たちごとに、団体を形成させた。それらの団体の目的は、労働者や女性がそれぞれの別個の利益を防衛できるようにするためであったが、しかしそれは、全体的な利益を害さない方式においてのみであった(だからこそ、社会主義やフェミニストの集団は破壊する必要があるとされた)。ファシストの労働組合や女性団体は、野心的な社会政策とともに、労働者と女性を国民(民族)共同体へと取り戻すだろうと見なされた。

このような野望は、健康や福祉、労働の場に関する多くの既存の思想や政策との擦り合わせを意味した。それらの思想や政策は、すでにそれまでに大論争の対象となり、社会主義者やフェミニストがその発展に寄与してきたものでもあった。さらに加えて、それらの組織は、労働者や女性のための政治行動に機会を提供するものでもあった。労働者については次章で扱うことにして、この章では、ファシズムにおける女性の命運について一覧してみよう。

一見したところファシズムは、まったく男性的である。戦間期においては、制服を着た街頭戦闘員、そして現代では、スキンヘッドが想起されるだろう。ファシズムは、社会主義同様にフェミニズムを嫌悪し、女性の第一の役割は家庭と産育にあると見なしている。一方、現代の極右は、人種についてと同様、両性は「平等だが異質」だ、と主張している。ファシストはたいていのところ、自分たちは「フェミニストではない」としているが、しかしフェミニズムへの反論は、否応なしに彼らをフェミニズムとの対話に引き込んだ。その結果、両性間の関係というテーマは、ファシスト内におけるもう一つの不一致の源となったのであった。

ヨーロッパの多くの人たちは、第一次大戦によって男女両性間の関係が均衡を失った、と確信していた。すなわち、女性が男性の仕事につくようになり、男性が塹壕に耐えている間に、女性は独立して軽薄な生活を送っているのではないか、と疑われた。さらに心配なことに、戦争行為への女性の加担は、女性組織の発展を促し、そのいくつかがフェミニストとなったのである。戦後に女性は、多くの国で投票権を獲得した。ブルジョワ女性たちは、よりシンプルな、働くにふさわしい服装を取り入れたが、このファッションは、女性を非女性化するものとも見なされた。

フランス軍の復員兵であった小説家、ドリュ・ラ・ロシェルは、のちにはファシストになるのであるが、「この文明にはもはや性の区別もない」と嘆き、そこに社会全体の凋落のしるしを見た。労働者や少数民族の叛乱に「女性的」激情を見たのは、彼一人ではなかった。こうした凋落への恐れが集約して、ヨーロッパのほとんどの国において戦争による死者を補うように、出生率の上昇をめざす運動が繰り広げられた。この「産児推進」キャンペーンは、女性は第一に母親であること、そしておそらくは他の役割は禁じられるべきことを、含意していた。

ファシストは、男性の復員兵士こそネイション再興の雄々しい推進者だ、と見なした。兵員としての塹壕での服務が、彼らのネイションへの献身を証明し、勇敢さ、英雄精神、自己犠牲、仲間意識、苦痛への忍耐力、そして服従を身につけさせた。それらは、全体として社会へと移し替えられるべきものである、と。ルーマニアのコドレアーヌは、「両立のむずかしい新しいタイプの英雄、社会的ヒーロー、仕事のヒーロー」を求めた。彼のモデルは、軍事能力と子沢山の父親として知られた中世の国王、シュテファン大公であった。

これらの理想形はナチ親衛隊SSにおいて極端にまで進み、彼らは、日本のサムライやドイツ騎士団、イエズス会士をモデルとする男性闘士集団を思い描くことになった。ファシストは、男性性そのものに価値を置いたわけではなかった。あくまで、支配的人種の男性に限ったのである。その他は「女性的人種」なのであった。ナチのなかには、イタリア人をそう見る者もいた。男性的な開放性をもたず、むしろ陰謀で動くことを好む女性的民族だ、と。

ほとんどのファシストが同性愛者を嫌悪していたことは、驚くべきではない。研究者によっては、同性愛嫌悪は抑圧された同性愛から生じたという。証拠としてその研究者たちが指摘するのは、男性のエロスを強調した親衛隊の服装やその生活様式である。あるいは、現在のドイツのネオナチが、同性愛はほんとうの男同士の絆を強化する、といっていることも、指摘されている。

ナチ突撃隊のリーダー、エルンスト・レームの事例を取り上げてみよう。多くの点でレームは、典型的なファシストであった。たとえば、彼の顔の傷跡は、彼の軍務とその勇敢さとを彼の仲間に想い起こさせるものであった。彼は女性を黙らせておくことができ、ヴァイマル共和国は非男性的な体制だと見なしていた。女性的なユダヤ人と共産主義者とが影響力を振るった、女性的な議会のおしゃべりが特徴的な、非男性的体制だったのだ、と。実際には、レームの同性愛は広く知れわたっていた。強烈に男らしく振舞うことで、彼は非男性的という非難を回避していたのである。

現在のところ、ファシストの間で同性愛者が大きな割合を占めていたと信じる理由はない。真実はおそらく、もっと平凡なところである。すなわち、ファシストがとりわけ同性愛者に対して敵対的であったのは、彼らの男性のみの共同体が同性愛の嫌疑をかけられるかもしれないと、彼ら自身恐れていたからである。このことは、真実にせよ虚偽にせよ同性愛に対する非難を、ファシスト内部での闘争において武器として使用することを妨げない。実際、現在の極右政党内ではそれが起こっている。

レームがナチの階級の頂点にまで昇りつめたということは、さまざまな色合いをもった急進勢力をひきつける力をファシズムが持っていた、という点を明示している。レームは「ブルジョワ的モラル」を批判し、ナチズムがブルジョワ的偽善との関係を絶ち切って、新たな男性的秩序の到来を告げることを望んでいた。そのような意味で、彼は急進的であった。しかし、こうした方向でナチによる革命を解釈した人はごく少数であり、彼らの夢を実現する機会はほとんどないままであった。実際、レームの「性的倒錯」は、一九三四年六月に突撃隊を廃止する口実となった。その後ナチは、同性愛者への追及を強め、彼らの多くは強制収容所で死亡するか、彼らの「病気」の「治療」対象とされたのである。

女性に関しては、ファシストは、蔑視と母親としての理想化との間で揺れていた。イタリアの未来派の芸術家フィリッポ・マリネッティは、「女性たちへの軽蔑」という言で有名であった。ナチのなかには、女性は公共の場で化粧したりタバコを吸ったりする権利を持つべきではないと、キャンペーンを展開する者もいた。ルーマニアの鉄衛団の新聞は一九三七年に、「今日の「学識ある」女性は社会にとってはまったくの不毛の要素だ」と断言していた。

ファシストの諸体制は、女性を労働市場から引き揚げさせ、教育を受けることも制限しようと試みていた。ドイツでもイタリアでも、またクロアチアでも、ファシストは女性に対して将来の市民、兵士を産み育てる役割、人種の母としての役割をあてがった。女性は、子供たちにネイションとしての価値を教え込まなければならないとされ、(生産者としてよりも)消費者として、家族が確実に国内生産物を消費するようにしなければならない、とされた。

こうした政策には矛盾があった。ファシストは、女性が家にとどまることを望んだが、もともと単純に「家庭的」と見なされていた役割に、彼らは政治的意味を与えたからである。すなわち、再生産、教育、消費は、いずれも国民としての義務とされたのである。さらに、女性に家庭での義務を教えるためにファシストは、党と結びついている組織に加わるよう奨励した。女性を家に戻すために、ファシストは女性を家の外に連れ出したのである。最も保守的な組織がほとんど女性メンバーを持っていなかった時代に、ファシストの組織は、かなりの数の女性支部を擁していたのである。

イタリアでは、一九二一年に二〇〇〇名の女性ファシストが存在した。一九二〇年代後半には女性メンバーの数は停滞するが、しかし体制が「大衆へと向かった」一九三〇年代には、その数は急増した。他方、権力掌握時点でナチ党員の約八%が女性であった。一九三一年には複数の女性支部が一緒になるかたちで、ナチ婦人団(NSF)が結成されていた。権力掌握後にこの婦人団は、残りすべての女性団体を統括し、一九三八年までに二〇〇万人以上のメンバーを集めた。

ドイツのナチもイタリアのファシストも、女性はその特別な必要と利害とを承認されたときにはじめて、ネイションのなかに組み込まれうる、と考えていた。したがって彼らは女性組織を、党ないし体制の一部としたのである。ちょうど、労働運動を組み込もうとした試みと同様である。その結果ファシズムは、さまざまなやり方で女性をひきつけようとした(図9参照)。ファシストは、みずからと競合する団体はつぶそうとしていたので(イタリアよりもドイツでそれは成功した)、「フェミニスト」という呼称はまず採らなかったのであるが、しかし実に多様な方式で女性をひきつけようとし、そのなかにはいくらかのフェミニストも含まれていたのである。

フェミニズムの多様性に気づくならば、ファシズムがそのように行動したことは驚くにはあたらない。ある傾向のフェミニストは、しばしば家族フェミニストとして知られているが、彼女たちは選挙に関心を寄せるより、女性を女性として守ることにより多くの関心を払っていた。彼女たちは、男のアルコール中毒からの女性の保護、売買春の禁止、労働の場での女性の権利改善を、要求していた。もし、そのようなフェミニストが代表制民主主義を放棄していたとするなら(重大な「もし」であるが)、彼女らは潜在的にファシストと共通しあうところがあった。いずれも、それぞれの異なる方式からではあったが、女性を平等だが異質なもの、と見なしていたからである。

ファシズムはまた、フェミニズムに反対する女性をひきつけていた。彼女たちは、女性のいるべき場は家庭だとする点で、ファシストの男性と同意見であった。多くのブルジョワ女性にとって、要するところ家族は特権を提供してくれるものであった。すなわち、三世代を含む拡大家族のなかで、子供や使用人への統制が可能だったからである。「介護役」の女性が、重要な慈善組織にはいたものであったが、彼女たちはしばしば、政府の政策にも影響を及ぼしていた。そのような女性たちは、社会主義や自由主義、民主主義を攻撃したのと同様に、フェミニズムを攻撃した。それは、慈善や家族や、使用人の供給を崩壊させるものだ、というのである。

図 9　オズワルド・モズリ卿に敬礼するイギリス・ファシスト連合の女性会員たち．1936 年．

彼女たちは保守主義ではあったが、しかしこれらの女性は必ずしも、伝統的な保守派の組織が家族に十分な関心を払ってきたとは感じていなかった。ドイツでは、貧しい農村の女性も、フェミニズムをブルジョワ女性の流行的アクセサリーみたいなものと見なして、ナチ党に投票した可能性がある。

イタリアでは多くの女性組織が、旧来の自由主義派の体制は彼女たちの関心に無理解であったと見なし、ファシストを含むナショナリストの反体制運動に好意を寄せていた。ファシストの一九一九年綱領は、女性投票権を含むものであった。ファシズムのもとで彼女らは、「ラテン的フェミニズム」を唱導した。それは、伝統と家族と人種のもとに個々人の権利を従属させるもので、反社会主義であり、反自由主義でもあった。ドイツでは、エンマ・ハドリッヒが、外国からの影響が腐敗させる前にドイツ社会は両性間の平等に基づいて構築されるべきだ、と主張した。イギリスでは、女性は投票権を一九一八年と一九二八年にわたって獲得したが、フェミニストのなかには、この勝利は真の政治的影響力をもたらすものではなかったと失望を示し、ファシズムがそれを是正してくれることを期待する者も出ていた。

そこでファシズムは、幅広い範囲の女性団体からの支持を得ることになった。それらの団体には、フェミニストであるものもないものもあり、以前の自由主義派や保守主義派、そして社会主義派もあった。ファシズム運動とファシズム体制への女性の参加は、ファシズムの定義をめぐる抗争にふたたび光を当ててくれる。

女性のうちでも最急進派は、ファシズム体制とはうまくいかなかった。というのも、(より強力な力を振るっていた)男性活動家たちは、まさに両性間の「通常の」関係性を復活させようとしてファシストになったのだからである。ムッソリーニは、じきに女性の投票権には関心がなくなり、女性支部は男性支部に原則として従属することを保証した。ドイツでは、ハドリッヒの見解がアルフレート・ローゼンベルクによって反駁されていた。彼は、ドイツ社会は昔から家父長的であった、と断言した。一九三四年に、ヒトラーはナチの女性党員に対して、ナチズムには男女間闘争が占める場所はない、と語った。

イタリア、ドイツ、いずれの体制とも、女性は子供をつくることだ、と説得することに、より多くの関心を払うようになっていた。ナチ婦人団のリーダーであったゲルトルート・ショルツ＝クリンクは、一一人も子供を産みながら現場で指揮をとっていた。ファシズム運動における女性の大半は、一般に彼女らの本性にあっていると見なされた活動、つまり基本的には福祉の仕事に限定されていたのである。

急進的な人たちが敗北したということは、女性が結局は受動的役割しかしなかったとか、あるいは

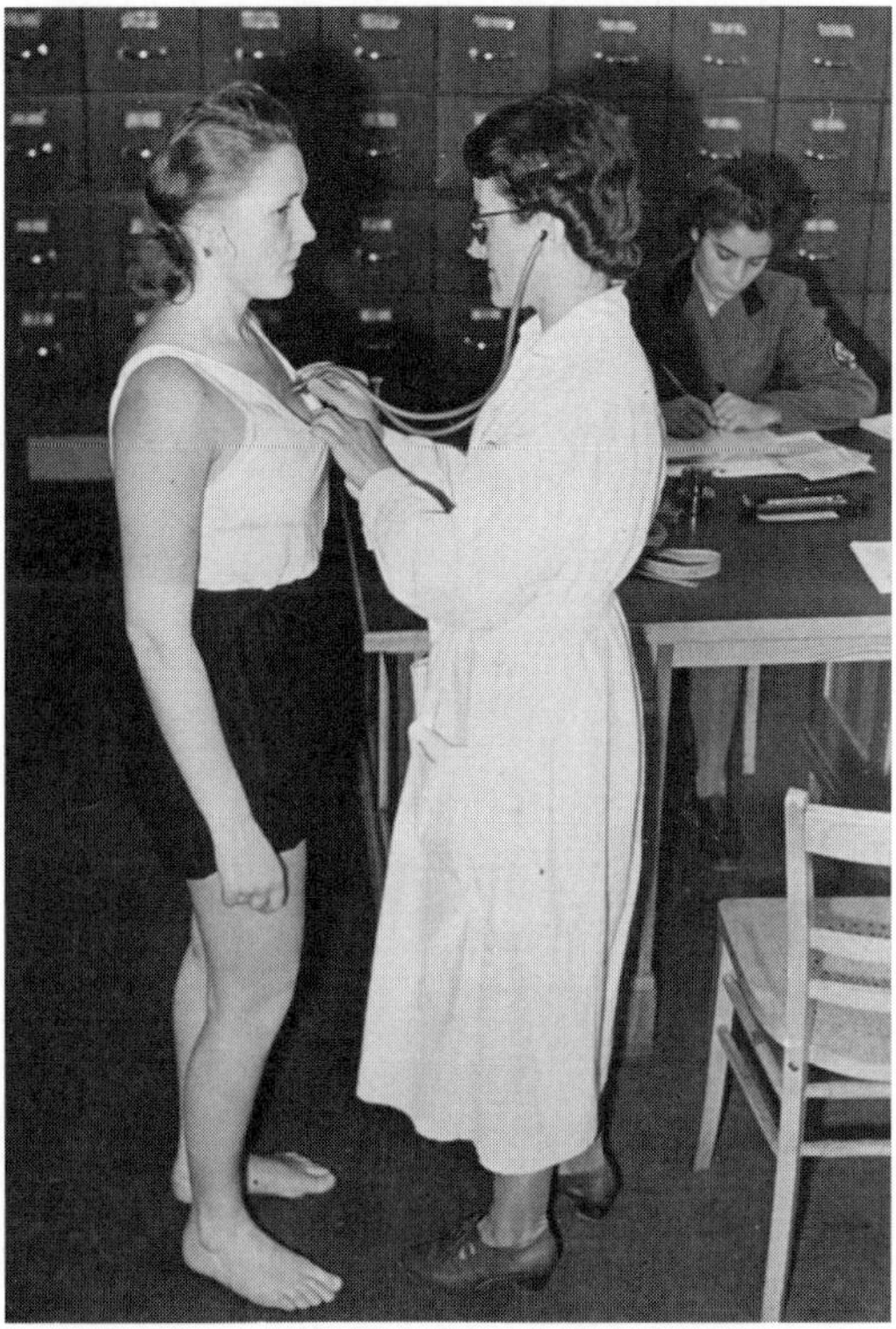

図10　女性の世界？　帝国共同奉仕団への新規加入者を検診する女医，1940年9月6日．

ファシズムが均質的になったとかを、意味するものではない。貧しい者たちのために靴下を編んだり、食料を集めたりといったような、明らかに地味な任務についていた女性たちも、ほとんど女性によって指揮されていた複雑な組織の一員として、そうした家庭外での活動に携わっていた(図10参照)。階層秩序の上の方に位置していた、ファシズム運動や体制における女性支部でも、厚生委員や看護人、家庭科学の指導者、ソーシャルワーカーなどからなる、少数ながら一群の女性たちが雇われている。

男性のファシストは、女性労働を二次的なものと見なしていたが、関係する女性の方はそうではなかった。彼女たちは、みずからが能力を発揮できる領域を広げ、自分たちの専門職の地位を医師や法曹と同等のものに引き上げるために、男たちと静かに戦っていたのである。彼女たちにとって、福祉とは、調和のとれた国民動員を達成するために、なくてはならないものであった。ファシズム運動が要請し、ファシズム体制が実施した福祉の供給は、その多くが、女性運動が以前から行ってきた要望を満たすものであるように思われたのである(たとえば家族給付、婚姻時貸与、労働現場の健康改善など)。

こうした措置は、一義的には、女性に開かれた選択肢を広げようとする意図のものではなく、なにより党、ネイション、人種に必要と見なされたものを満たすためであった。ドイツでは、アーリア系の女性のみが母親の役割を満たし、「適合的」な子供をつくることができるように、十分に「進化する」ことができると見なされた。ヒムラーに促されて親衛隊は、未婚の母親とその子供が人種的に受け容れ可能であることを条件に、未婚の母を守ることにまで関与した。イタリアでは、産児制限を進めることによって「イタリア人民の多産を妨げる」ことは国家犯罪とされ、社会政策の目標は人種の改善にあるとされた。

また福祉は、非公式の政治的基準によって配分されたので、体制と関係が良くない人びとは恩恵に浴すことができなかった。フランスでは、火の十字団とフランス社会党(PSF)の福祉組織は、原則として、移民とその家族には援助を拒否した。ただし、女性活動家たちはその禁令をしばしば無視したのである。

現在の極右と女性

現在の極右政党における女性の地位は、以上のあり方と似ていないわけではない。これらの集団は、そのスタイルにおいて圧倒的に男性的であり、それは、フランスの騎士道こそがフェミニズムへの回答だとするルペンの信念や、スキンヘッドによるサッカー場での暴力によって示される通りである。ルペンは女性に対して、生命を伝え、「子供や若者の心、精神、感受性を育む」という「ほとんど神々しい」使命を割り当てている。

イギリス国民党はといえば、ほとんど危険なくらい低い出生率と戦うために、そして家庭に対する蔑視を終わらせるために、子供を持つ女性には助成金を給付すべきだと提案している。過去における と同様、出産奨励と人種論とが結びつけられている。労働力不足は、もはや移民導入によっては埋め合わせられない以上、女性はもっと多くの子供を持たなければならない。ただ「この地で生まれた」

女性のみが、子づくりを奨励されるのである。

こうした政策はまた、戦間期の学生たちが感じていたのと同じ脅威、すなわち、女性が男性の仕事を取ってしまうのではないか、という脅威感を反映するものでもある。ルペンはこういっている。ジェンダー間での正常な任務分担に障害があると、「男が自分を女と取り違え、女が自分を男と取り違える」ことにつながりかねないと。そうした心配は、非熟練の男性労働者階級における定期的な失業や、女性を有利に扱う「肯定的差別」によって男性の雇用が不利になっている、という男性の思い込みがあるがゆえに、いっそう拡大されている。

さらには、右翼にとって社会主義や共産主義が心配の種ではなくなってきただけに、結婚、離婚、妊娠中絶、そして性に関わることが、政治の中心に移動してきた。しかも二〇一二年から二〇一三年にかけて、多くの国で、同性カップルの結婚承認が広がっただけに、しかるべきジェンダー役割が脅威にさらされている、とする恐れが強くなったのである。

それでも女性は、極右政党に参加し、投票している。彼女たちの地位は、初期ファシズム運動における女性の位置づけとは、いささか異なっている。というのは、平等はまだずっと先のことだとしても、女性の占める位置づけそのものが変化してきたからである。テレビ、映画、宗教離れ、教育の性質の変化、こういったことによって、女性の手に届く選択範囲が広がり、彼女たちの期待もより高度になってきた。

ほとんどの女性はフェミニストというラベルは拒むけれども、フェミニズムが勝ち取ったものの多くは当然と見なしている。離婚したルペンの元妻が、メイドの恰好をしてポルノ的な『プレイボーイ』誌上のグラビアに登場し、ルペンの家族に関する姿勢を皮肉ることを、彼の騎士道も止めることはできなかった。彼の娘マリーヌは、いまやその党のリーダーとなっているが、彼女は典型的な働く母親である。

極右の運動は、女性によって達成された前進を尊重すると約束しているが、フェミニストに対しては攻撃し、彼らの主張している政策は、多くの獲得物を現実には反故にする類いのものである。こうした緊張がこれから実際にどうなっていくかは分からないが、しかし、女性に対する極右の政策の実施は、ここでも、自由な民主主義との決裂を意味するものとなるであろう、とは断言できる。

第9章 ファシズムと階級

一時期、研究者のなかには、ファシズムをほぼもっぱら階級との関係でとらえる人たちがいた。すなわち、マルクス主義者にとって、ファシズムとは資本主義の最も反動的な部分による独裁であった。ないしは、資本家とプチ・ブルジョワジーとの結託の表出であった。ヴェーバー流の考えに立つ人にとっては、ファシズムは、「近代化」に対抗して自己防御しようとする「伝統的エリートたち」による最後の必死の企てが表れ出たものであった。さらに、これもヴェーバー流の考え方であるが、ファシズムは、大資本と組織労働のいずれにも抗うプチ・ブルジョワジーの敵対を表している、とする説を付け加えることもできるであろう。

マルクス主義者とヴェーバー派の学者とでは、どの階級がファシズムに責任があると考えるかで異なっているが(そして階級の定義においても異なっているが)、しかし双方とも、きわめて重要だと見なす階級の「潜在的利害」の証拠として、ファシストたちの行動、言葉、著作を精査する点では同様である。マルクス主義者は、ファシストのナショナリズムに、労働者を社会主義から逸らそうとする資本家の努力を見出す。同様にヴェーバー派は、反ユダヤ主義の言説を、ユダヤ人に仮託して近代社会を悪魔的と見なす試み、ないしはプチ・ブルジョワジーのジレンマの証拠、として読んでいる。

全体主義の理論家たちは、それとは反対に、階級の重要性は否定する。彼らがいうには、ファシストたちは階級的な忠誠心を超えて、ないしはその上に、人びとのネイション共同体への全面的な忠誠を確保することを追求していたのであった。ファシズムを政治宗教とみなす理論もまた、分節化されない大衆のなかに社会的差異を均《なら》してしまう傾向を持っていたし、統治編制という概念もまた、「統治技法」の一貫性や実効性について強調しすぎではないかと思わせる、という点については、すでにこれまでの章において見てきた通りである。

これらすべての見解には、いくらかの真理が含まれている。イタリア・ファシストのなかには、自分たちはブルジョワジーを防衛しているのだ、と公言する者もいたし、自分たちの最終目標は全体主義的な共同体の創出にある、とする者もいた。一見すると背反しているこうした見解も、実際には両立できる。ファシストが心のうちに描いていた理想的共同体のイメージは、抽象的なものではなく、さまざまな従来からの考えによって構成されていたので、彼らは、労働者階級の存在は社会関係の通常の一部分だと考え、それを全体主義的共同体内部に階級として統合することを欲したのであった。

こうした目標を達成するために、次のように考えられた。第一に、労働者階級を腐敗させた分子（共産主義者やユダヤ人）を亡きものとし、それによって、労働者団体が共同体の健全さを損なうことのない要求を提出できるようにする。第二には、共産主義の発展を許したような物質的課題に、ファシズムが取り組む。第三には、労働者の生活条件への配慮が、労働者階級の「質」を向上させ、それが全体利害のためによりよく貢献できる状態にする。

これらのうち後ろの二つの願望は、現実には政治的境界を超える存在であったプロレタリアや家族、人種に関わるような、一連の多様な社会政策や実践を、ファシストが利用せざるを得なくさせるものであった。それらは多くの論争を引き起こしたが、後段で見るように、論争はファシズムの期間ずっと続いたものであった。実際、国際労働機関(ＩＬＯ　国際連盟の一機関)では、イタリア・ファシストの代表が、社会主義者や労働組合の代表たちと、改良政策について論じ合っていたのである。

その結果生じたファシズムの多様性は、どのような社会集団でもそこになにか気にいるものを見つけられるほどに達していた。ファシズムを歴史的脈絡のなかにおいて検討してみること、その時はじめて、現実に誰がなぜそれを支持したのかを、説明可能にしてくれる。私としては、以下、二つの角度から検討を試みたい。まず、ファシズム支持者たちの社会的な構成と動機を検討し、ついで、ファシスト活動家たちの戦略がいかにしてファシズムの魅力を形づくることになったのか、を問うことである。

活動家と投票者

階級という観点から見たときに、イタリア・ファシズムの支持者やドイツ・ナチズムの支持者は、きわめて多様であった。多くの研究がなされてきたナチへの投票者に限ってみると、ナチのアピールはブルジョワジー向けに偏っていたにもかかわらず、労働者からも実に多くの支持を集め、ドイツでは競争相手であった政党よりもはるかに「全階級」政党であった。戦間期のフランス・ファシズムの場合にも、中間層がきわめて多かったとはいうものの、ドイツ同様に広い範囲でのアピールを示していた。

他方、国による差もあって、どう考えればよいのか簡単ではない。ドイツでは、公立学校の教員や公務員はナチに好んで投票したが、フランスの教員や公務員はむしろ左翼に魅力を感じていた。ハンガリーでは、労働者階級と土地を所有しない農業労働者とは、他のどこよりも強力にファシズム支持者であった。ルーマニアの場合には農民と学生とが、主たる支持者である。

ファシストへの投票者について、さらに他の要素を考えていくと、見取り図はいよいよ複雑さを増してくる。ドイツでは、小企業のプロテスタント系労働者はナチに支持投票をする傾向があったのに対して、カトリック系の労働者はカトリック中央党か共産党に投票し、大企業のプロテスタント系労働者は、社会主義者に投票していた。フランスでは、カトリックのブルジョワジーは、反教権的な意見のブルジョワジーよりもファシスト組織に入る傾向があることが、われわれの調査によって分かった。また、フランス重工業の男性労働者は、繊維工業の女性労働者よりも、ファシスト系労働組合にはひきつけられていなかった。

これ以上事例を挙げても、混乱が増すだけであろう。要点はこうである。つまり、階級は投票に重要な影響力を持っていたが、階級だけでなくジェンダーや地理的条件、宗教もまたそうであった、ということである。われわれはまた、ある階級において政治態度に多様性が見られれば、その構成員の利害がどこにあるかに一致が見られなかったことを意味する、という推論ができるかもしれない。そして活動家が、なによりみずからの階級ゆえに活動家であったということは、おおいに疑わしい。

また、活動家たちがファシズムの魅力を形づくることにおおいに関わっていたという点は、記憶しておくことが重要である。活動家たちはその基礎となる社会勢力を体現しているものだ、とばかりいわれてきた。社会主義の活動家は労働者階級の利益の「ために語っている」とか、保守派やファシストの活動家の場合には、ブルジョワジーのために語っている、と。

しかし、政治的な活動家を知っている者であれば誰でも、彼らが、活動家ではないわれわれとはまったく違っていることに、気づくはずである。彼らの確信によれば、自分たちは社会の仕組みについてのすぐれた見通しを持っていて、その見解の価値を他のすべての者に説得する使命を持っている、というのである。たとえば社会主義の活動家たちが、労働者の感覚を明確に表現しているなどということはない。彼女または彼は、労働者たちを説得しようとしているのである。彼女または彼の関心は、対抗相手の社会主義派の考えや政治的カトリックや、あるいはファシズムということすらあるが、それらではなく自分たちの考える社会主義こそが良いのだ、という点で労働者を説得しようとしているのである。

したがって活動家というのは、彼らが代表しようとしている人びとの見解をただ反映する者ではない。彼らは、人びとが自己の利害をとらえる方法を形づけようと試みているのである。党のプロパガンダを定式化し、それが誰に向けられるべきかを決定づける彼ら活動家について、われわれは真剣に取り組む必要がある。

ナチズムの場合を取り上げてみよう。一九三〇年以降、プロパガンダの方向をブルジョワジーに向け変えるという党の決定は、ナチの歴史にとって決定的な瞬間であった。それによって農民やプチ・ブルジョワジー、そしてブルジョワジーの投票を確保できるようになったからである。しかしながら活動家たちは、国民を強調することによってプロパガンダの狙いをより広く取り続けており、いわゆる腐敗した対外政策部門への民衆の反発を表明し続けていた。実際それは、ナチの魅力をきわめて広い範囲に及ぼした可能性がある。

対照的に、社会主義者のアピールはとりわけ男性労働者階級に向けたもので、共産主義者の場合には男性失業者たちに、カトリック中央党の場合には少数派カトリックに、向けたものであった。ナチの活動家たちは、小規模商店主たちの憤懣を「ユダヤ系」デパートの持ち主へと向けさせるよう努めて動いた。
また活動家たちは、たとえば赤旗は鉤十字旗と取り替えて、あるいは、貪欲で、シルクハットをかぶって葉巻を吸う資本家がニヤリと笑うイメージを使ったりして、左翼のシンボルを反ユダヤ的なナショナリストの計画の方に取り込むことによって、労働者たちの支持を取り付けた。ナチは労働者に対して、敵は経営そのものではなくて、ユダヤ人の経営なのだ、と語りかけた。このようなナショナリストの立場からの反資本主義は、多くの雇用者側にとって比較的魅力的だという利点があった。というのもそれは、ドイツの資本家が労働者のひどい状態について非難を受けるのを、かわすことを可能にしてくれたからである。

ナチは、それまで多くの政党がなろうとしてきた政党、すなわち、対立し合っているような集団までも単一の運動のなかに融合してしまうような国民政党になる、という点で、最も成功を収めた。しかしその戦略の成功は、自動的に生じたものではない。ナショナリズムは、本来的に階級よりもより広いアピールができる、というわけではない。すべては、それらの用語がどのように定義されるかによっている。実際ナチによるネイションの考え方は、そのアピールを限定させかねないような「偏り」の影響を受けてもいた。多くのナチ党員にとって、ドイツとは本質的にプロテスタントないしは異教的ですらあって、それは、カトリックの労働者からの投票を期待できないような見方だったのである。

階級という点でのファシズムのアピールは、一方でのファシスト活動家たちの戦略（および彼らの非公認の偏向）と、他方での個々の集団の願望（およびそれらの非公認の偏向）との間の、やりとりの結果として理解するのが一番良い。その結果として、可変的であるという特徴が生じたが、それは、ファシズムの階級構成が重要ではないということを意味するものではない。むしろ逆で、それはたいへん重要であった。なぜなら、ファシズムを支持した多様な集団は、それらがどの程度の力を持ったかという点で、おおいに差があったからである。以下でこの点を、ファシストの語彙の上での二つの鍵概念、すなわち「国民社会主義（ナショナル・ソーシャリズム）」と「協調的組合主義（コーポラティズム）」とを簡単に検討することを通じて、はっきりさせることにしよう。

国民社会主義（ナショナル・ソーシャリズム）

少し遡って一八九八年、モーリス・バレスは、フランスのナンシーにおける「国民社会主義共和委員会」の選挙公約で、次のように書いていた。

> 憎しみの念を満たすことだけを狙いとした政治に反対し、また、権力欲だけが牽引しているような政治にも反対し、それに対して私は、今日では誰も拒否せず、諸君がすでに賞賛してきた、かつ国民的かつ社会的理念を対置するために、ふたたびやってきたものである。

……社会の最上層で、各地方の中心部で、精神物質両面で、商業で、工業や農業で、フランス労働者と競い合っている造船所でもまた、外国人どもが、寄生虫のように、われわれに毒を注いでいる。
新たなフランス政治の基礎をなすべき、なくてはならない一原則とは、国民的なるものすべてをこうした侵略から守らなければならない、ということであり、社会主義というものはきわめて国籍不明、ないしはむしろドイツ的で、この国の防衛を弱体化させるものだ、ということを認識することである。

バレスにとって、国際主義的な社会主義、すなわちマルクス主義は、それが「ドイツ的」イデオロギーであるがゆえに、フランス国民、ひいてはフランス人種にとっての、脅威をなすものであった。彼は、二つの意味で国民的であるような社会主義を呼びかけた。すなわち、それが国土に根ざした労働者たちを守るものであること、そして、対立している階級を、どちらもそれぞれの利害が国民的利益に従うものであることを保証することによって、今後は協調させて行くであろう、そういう社会主義である。資本家も労働者に対してより良い対応をするようになり、労働者はもはや社会主義の必要がなくなるであろう。そう主張したのである。

バレスは所有権の廃棄を主張するのではなく、階級関係の精神面での転換を呼びかけた。この方式は、資本家にとってはマルクス主義よりも恐ろしくはなかった。しかしバレスはまた、累進課税や利潤の分有といった改革をも提起していた。現代の目にはいかにも生ぬるいように見えるかもしれないが、当時の保守主流派は、ほとんどヒステリックに、それらに対しては絶対反対の立場をとっていた。安い外国人労働力の流入を止めようというバレスの主張は、ロレーヌ地方の鉄鋼王たちを魅了するわけはなかった。バレスの選挙公約は、現状に幻滅を感じていたナンシーの保守派のある部分には魅力を発揮したが、しかし当選するには十分ではなかった。

この出来事から二七年後、ヒトラーは、ビアホール一揆への彼の関与に関する裁判において、被告にとっては通常はありえないような自由発言を裁判官から許されて、陪審員にこう語りかけていた。

当時の労働者党から出発した国民社会主義運動は、マルクス主義運動を徹底的に叩いて終焉させるべきこと、その確認を第一の原則として採用した。第二の確認は、[一九一八年の]革命がマルクス主義と前代未聞の犯罪行為の結果であって、ふたたび国民的なものとなりつつあったドイツ・ブルジョワジーの関わるものではなかった、ということを踏まえて、ドイツの労働人民、この広範な大衆を、ふたたび国民的な存在にしなければならない、という課題の設定である。それが意味しているのは、ナショナリズムに対してただ純心に受けとめる関係、つまりは受け身の関係をとるのではなく、これまでそれを破壊してきた者どもに対して積極的な戦闘を展開する、ということだ。しかも、あらゆるところで幾十万もの者が人民を脱国民化しようと動きまわっており、革命を引き起こしたこれら幾十万の者は、どの人種にも属してすらいない。かような時代に、ただ人民の国民化を望むだけでは愚かである。つまるところ、マルクス主義の問題は人種問題となったのであり、これこそが今日の最も深刻で深層に関わる課題なのである。

ヒトラーは、バレスのような文学的才能は持っていなかったかもしれないが、その主張は同類であった。国際主義的でマルクス主義に立つ社会主義は、ドイツ人種の敵であり、それが排除されたときにのみ、はじめて労働者が国民に再統合されうる。国民社会主義は、階級関係を協調させる。それが、労働者による要求を国民的な優先事項と協調させるような「国民的」諸組織体を形成するからである、と。しかし、労働者の正当な要求を受け容れることは、資本家との対立をもたらすことにもなりうる。実際のところファシストは、集合的な利益のために実業界を従属させたいと望んではいたが、資本主義そのものの存在に異議を申し立てたことはなかった。こうした意図の結果がどうなるか、それを予見することはむずかしかった。

協調的組合主義(コーポラティズム)

協調的組合主義は、現代の研究者によって、大企業の無拘束な権力を隠すための煙幕としてしばしば安易に片づけられてきたが、ヒトラーはそれを、労働者を国民として再統合するための鍵となる方法だ、と見なしていた。しかし協調的組合主義は、本質的にファシズム的というわけではなかったし、同時代の社会にはさまざまな種類の解釈が出回っていた。最も単純な解釈では、経済の当事者である団体、たとえば労働組合連合、経営者団体、家族や農民を代表する団体などであるが、それらが政党や議会の代わりに社会経済政策の決定をする、というものである。実際に、第一次大戦後のほとんどの西欧民主主義体制下では、労働組合連合と経営者団体とが政策決定に対してなんらかの発言権を持っていたという点で、協調的組合主義を実践していたといえる。

ファシストによる協調的組合主義は、それとは異なっていた。それはまず、既存の組織を解体するか粛清することから始められる。というのも、ひとたび非愛国的な左翼の影響が排除されたならば、全階級が持っている愛国主義がおのずから再発現してきて、正しい精神において協調することが可能になるのだ、と主張されたからである。自由市場では賃金は資本家の気まぐれのままであり、その自由市場で従属的な位置にあって搾取されることから労働者を守るのが、協調的組合主義だとされた。階級間の抗争は国民的調和に道を譲るであろう、と。

他の問題もまだ存在していた。協調的団体において、国家や政党はいかなる役割を演じるべきか。それらは、価格や賃金を決定する権力を持つべきかどうか。労働者が国民共同体へ戻るように仕向けるためには、資本家はいかなる譲歩をすべきなのか。ファシストの労働組合連合には、どの程度の自律性を認めるべきか。労働組合連合に最大限の自由を認めるべきだと望んだ人びとは、しばしば「サンディカリスト(革命的労働組合派)」として知られていた。

イタリアでは、イタリア・ナショナリスト協会(INA)の後継者たちが協調的組合団体への国家統制を強く求めた一方、ジュゼッペ・ボッターイ周辺のテクノクラートたちは、マネージャーや技術者により多くの権限を与えるよう望んでおり、また、ファシスト労働組合連合は、労働者の連合団体に自律性を持たせるよう欲していた。一般に経営の側は、いかなる形式であれ強制的な協調的組合主義は自由な企業活動への障害になる、と見なして反対した。もっとも、彼ら自身の価格決定カルテル

図11 ファランヘ党の行進に敬礼するスペイン労働者, 1937年. ファランヘ党は, 労働者のための独自の綱領をもっていることを誇りにしていた.

についていては、国家が合法的支援をしてくれるよう要求していたのであるが。換言すれば、民主主義社会における権力闘争は、イタリアではファシズム体制下にも継続していたのであるが、しかし左翼が抑圧されたおかげで労働者は、通常よりもいっそう不利な条件を余儀なくされたのである(図11参照)。

一九二五年に、イタリア・ファシストの労働組合連合は、彼らの考えを通そうとして金属産業でストライキを発令した。一九二五年一〇月にはヴィドーニ館協定のもとで、彼らは労働者を代表する独占的権利を獲得した。経営者たちは、ファシストの労働組合連合を社会主義団体とほぼ同じように危険視していた。その経営者たちの苛立ちにもかかわらず、その権利は獲得されたのであった。しかし連合は、国家が同時に動かし始めた協調的組合体制では、雇用者側組織と対等な地位を獲得することに失敗した。ストライキは禁止され、連合は国家の代表機関だと明言されたのだから、これは経営者側の勝利であった。経営者側は依然として、マネージャーや技術者に権力を与えるべきだというボッタ―イの主張に脅威を感じていたが、しかしながら、資本家側が勝利を収めたことは否定できない。

ナチ党もまた、その工場ごとの細胞組織であるナチ経営細胞組織(NSBO)という形式のもとで、強力な労働組合を擁していた。一九三三年以降、このNSBOのリーダーたちは、自分たちの力が減退しつつあると感じて、もしもっと高い給与を出さないなら強制収容所だぞ、と上司を脅したりした。ヒトラーによる一九三四年の突撃隊廃止は、部分的には保守派からの圧力によるものであったが、労働者集団にとっては重い一撃となった。そのときすでにNSBOは、協調組合的なドイツ労働戦線（ＤＡＦ）に統合されていた。

実際において、左翼的な労働組織の破壊とストライキの禁止は、経営側における経営権の是認とあいまって、ドイツ労働者が集合的な代表に欠けていることを明確にさせていた。それでも労働戦線は、イデオロギー的に関わっていた労働者への就職の世話や昇進を可能にし、古い状態の階層秩序を廃棄する「拠点」の一つとなった。ナチはまた、ヴァイマル共和国時代からの福祉制度の多くを残しており、労働者の余暇を調整するための「歓喜力行団」を立ち上げた。いずれの組織も、人種論的で優生学的な計画に結びつけられていた。福祉は、すべての階級を、民族的に純粋で軍事的に強力な国民共同体へと組み込んでいく、という目標に役立つものであった。

これら二つのファシズム体制における農民や職人の行く末は、労働者のそれと同様であった。イタリアのファシストもドイツのナチも、いずれもこれらの階級の地位復権を唱えていたが、しかし実際になしとげられたことは少なかった。小規模経営農民に対するイタリア・ファシストによる土地の約束は、ほとんど実現されなかった。農村部の人口減少を抑えようというムッソリーニのキャンペーンは、体制が続いていた期間を通してローマの人口が二倍になるのを抑制できなかった。

ドイツでは、ナチの小規模商店主や職人の組織は、行動の自由をほとんど与えられなかった。デパートを抑制するという約束は反故にされ、ユダヤ人の財産没収から利益を得たのは、小規模というより大規模な経営体であった。ナチは、負債を負った農民を援助したが、農村人口の数的な衰退を止められるほど十分には行動しなかった。

多くのファシストが、目標を達成するべくいかなることでもする用意をしていたのであるから、ファシストの労働組合連合や労働組合主義は、単に下層階級を欺くための装置というわけではなかった。ファシストの労働組合運動が失敗したのは、みずからの目的を達成する力が欠けていたからである。国益という考え方は、野放しの資本主義を「規律化」するほど十分には強くなかった。とくに、資本家も多くのファシストも、強力な資本主義こそ国益にかなうものだと信じていたから、余計にそうであった。ナチの体制もイタリア・ファシズムの体制も、いずれも大企業こそが軍需生産には基本をなすと見ており、そのような企業に、原料も労働力も優先的に手当てしたのである。

しかしながら労働者たちの位置取りは、単純に資本主義への貢献度によって決定されていたわけではなかった(ちょうど、ファシストの福祉組織を支えていたブルジョワ女性たちの位置取りが、男性への貢献度によってのみ決定されていたわけではなかったのと、同様である)。ナチズム体制下の「日常生活」研究から示唆されるのは、年長の労働者がしばしばナチズムに反対し続けていたのに対して、より若い労働者は、それまで社会主義政党によって表現されていたより良い社会への願望を、ナチズムの方に向けなおしていた、ということである。結局、社会民主党は、ナショナリズムに対してまったく対応できなかった。一九三二年から一九三三年にかけて、ひとたび社会主義の有効性のなさが明らかになってしまうと、それまでの社会主義支持者の投票の一部をナチ党が獲得するようになった、と思われる。

歴史家たちが示したところによると、労働者階級出身の兵士たちは、東方におけるナチによる人種的犯罪への加担を、かつて工場で誇らしく発揮していた「高度なドイツ的労働」を拡張したものだ、と見なしていたという。実際には、階級的連帯を放棄した見返りに労働者たちに与えられたものは、人種論的な植民計画における二次的な地位や、外国侵略からの利益の一部にしかすぎなかった。ドイツでは、国際労働運動の価値などないと見なした労働者たちが、数百万の奴隷労働者に対して威張り散らしたのである。

図12　ナチズムと私有財産．ユダヤ人所有店舗のアーリア化．1938年頃，フランクフルト・アム・マイン．現店名として「シュタム＆バッサーマン」，「前グンミ・ヴェイル」と読める．

企業経営とファシズム

ここまで述べてきたことからすると、何人かのマルクス主義者が主張したように、ファシズムとは「究極的には」経営のイデオロギーであった、といえるであろうか。

ドイツでもイタリアでも経営の利害がファシズム運動と合致していたという意味では、たしかにそうである。そして、ひとたびファシズムやナチズムが権力を取ると、大企業はそれらを明確に支え、労働運動の破壊を肯定的にとらえていた。

しかしこの問いに対する答えは、否でもある。多くの国で資本家たちは、左翼と戦うために喜んでファシストを利用したが、ファシズム体制を据えることを現実に望んでいた資本家は、ほぼ存在しないに等しかった。イタリアでは、まさにファシストによる権力奪取に至るまでは、実業界はイタリア・ナショナリスト協会かジョリッティの自由主義の方を好んでいた。ドイツでは大企業が、民主主義を掘り崩そうと多くのことを仕掛けてはいたが、しかし企業経営者の大多数は、ヒトラーの政権よりも、保守派がナチの支持を受けて独裁体制をとる方を好んでいたと思われる。最終的にヒトラーを権力に導いたかけひきの動きにあっては、農業の利害関係者の方が大企業よりも積極的であった。

ファシズムを資本主義体制として描くことは、何もいっていないに等しいという意味で、先の問いへの答えは否だ、と、今一度いっておこう。というのも大企業は、原則的観点からは反対の体制に対してでも、うまく適応する大きな能力を示してきたからである。戦間期において、ファシズムに頼ることのみがドイツやイタリアの資本主義を救う道であった(資本主義を「救う」という意味がなんであれ)というのは、いえそうもないことである。いくらかの企業経営者は、他には選択肢がない、という信念からファシズム運動に加わっていたが、彼らの信念は間違っていた。実際に、一九二二年のイタリアや一九三三年のドイツといった特定の歴史状況において、ほとんどの企業経営者はこうした見方をしていなかった。

事実ファシズムは、家族というものを絶対的に守ろうとはしなかったと同様に、所有権を絶対的に守ろうとはしなかった。ファシズム体制は、実業界を国益に沿って制御しようとし、とくに戦争遂行においてはそうであった。そして政策決定に関わる団体としては、実業界の介入能力を否定して認めなかった。イタリアの体制は、一九三〇年代には強力な国営化部門を創りあげた。たしかに私企業は繁栄し続けたが、しかし公的部門の強さは、戦時中のファシズム体制から保守派を排除することを容易にした。

最も印象的であるのは、ナチ体制によるユダヤ人所有の接収である(図12参照)。ドイツでは、ユダヤ系の経営は全体からすれば少数であったが、しかし東ヨーロッパ、とくにハンガリーでは、ファシストは資本主義の巨大な部分に対して接収すると脅しをかけた。それらが民族的によそものだからという理由であるが、まさにその点で彼らは、保守派からは厳しい反対を受けたのであった。

マルクス主義者はこう異議を唱えるかもしれない。すなわち、企業経営者を含めて多くの人びとが、マルクス主義への敵対からファシズム運動に加わっていたし、ファシストの超国家主義(ウルトラナショナリズム)は、労働者たちの階級的な忠誠心を掘り崩す試みを表していたのだ、と。それらはすべて真実である。しかしながら、ファシズムが究極的に資本主義防衛のための一手段であった、というのは、またまったく別のことである。ファシストが依拠した理念のなかには、実に多くの他の動機や、考え方や、理念があり、そのなかに資本主義の問題もまた決して欠けてはいなかったが、しかしそれは、決して唯一の優先事項だったわけではなかったのである。

第10章 ファシズムとわれわれ

ファシズムの遺産

ファシズムの遺産を探求する一方法は、ファシズムは「伝統」社会を復活させようとするむだな試みであったのか、それとも、おそらくは意図せずに、「近代」世界を生み出す助力をしたのか、という論争に加わってみることである。前者の見解を支持する者たちは、いわゆる「反近代的諸階級」、たとえば職人、農民、そして貴族的土地所有者がファシズムに支持を与えた、という点を挙げることができるであろう。ファシストの政策のいくつかは、明らかに反近代的であった。たとえば大地への回帰、都市拡大の制限、農民であることの理想化、などである。コドレアーヌが好んで農民の服を着用したことは、農民であることをルーマニアのファシズムが理想化していたしるしであった。

しかし別の証拠は、ファシズムが「近代的」であったことを示していた。たとえば軍事技術に対する崇敬、軍需契約の割り振りにおける大企業の優遇、大衆動員、ファシズム運動への女性の組み込み、商業化された余暇やスポーツの推進などである。

証拠はどちらの側にも積み重ねられるであろうが、いずれも問題の解決にはならない（適合しない証拠は「二次的な」ものだとか、「より根本的な目標に向かうための手段」だとか、主張しない限りは）。実際には、われわれはまたも定義の問題に逢着しているのである。われわれは、近代とはなにか、という点で一致していない。したがって問題への答えは、われわれが用いる定義いかんにかかっている。

実際問題として、たまたま個人的には「進歩的」と思わせるようなものについては、ファシズムの近代性という判定を回避するのはむずかしい。一九八五年にマルティン・ブロシャートがナチ時代のドイツについて、学問的アプローチを「歴史化する」必要がある、と訴えた。そこには、近代化という概念を十分考察がないまま使用すると危ないことが示されていた。彼がいうには、歴史家たるものは単に道義的に断罪するよりも、ナチズムの問題を適切な歴史的問いとして、より熟考したうえで問わなければならない。

残念ながらこの賢明な示唆は、ドイツ社会の近代化へ向かう傾向をナチズムが推進したのか抑制したのか、その役割を検討することで目標に達することができるであろう、というブロシャート自身の確信によって、かえって曖昧なものとなってしまった。「近代化」という用語の導入が、歴史の「通常の」かつ「望ましい」コースについての想定を引っ張り込むことになったからである。ナチの労働戦線による福祉政策が近代ドイツの社会政策への道を開いた、というブロシャートの議論は、ナチズムに肯定的な光をあてるものだとして、彼を非難する批判を招いたのである。彼は近代化の過程を意図的にその他のナチズムの局面から切り離してしまい、したがってナチの福祉政策が示した人種差別的な性格は見逃している、として批判者から非難されたが、そこには一理があった。

やはり問題があるのであるが、その他の歴史家たちも、ドイツ労働戦線はより「近代的な」社会を構築しようとし、そこでは個人の社会的地位が、どの集団に属しているかよりもその人自身の長所によるようにしようとしていた、と議論したのであったが、しかし彼らもまた、ナチ支配下のドイツでは昇進は階級とジェンダーと人種とによってあらかじめ制限されていたことを、忘れてしまっているのである。たとえば船旅に出た労働者階級の客は、より豊かな旅行者たちの特別扱いを妬ましく思った。しかもナチは、探訪先の国々の「人種的劣等性」を明らかにするために、外国旅行を推奨していたのである。もちろん、船の乗客にユダヤ人は一人もいなかった。

連続性という問題は複雑で、どのような見通しを持つかにかかっている。ファシストの福祉政策は超国家主義(ウルトラナショナリズム)と、政治的差別と、人種論によって形成されていた。自由な民主主義では、一般に普遍的な原理がとられ、すべての個人に平等な扱いを受ける権利が認められる。そうした自由な民主主義によるものと、ファシストのそれとは大きく異なっていた。しかしながら、ファシストの社会政策に見られる差別的な傾向は、近代システムにもまったくないわけではない。それが、現代の極右による明白な人種差別に対して有利な土壌を残してしまっているかもしれない。

なにをもって「近代的」とするかを定めることは困難なのであるから、むしろより良いアプローチとは、ファシストがそれらの近代的とか伝統的といった用語をいかに理解し、いかに使用したかについて、検討することであろう(そもそも、彼らがそれらの用語によって思考していたのか否か、についても検討したほうがよい)。国民的利益とか階級的利益とかがなにを意味しているかについては、実に多くの見解があった。それと同様に、近代性についても、さまざまな見解が存在していた。ファシスト自身にとって「近代的」とか「伝統的」とかは、なにを意味していたのであろうか。

ファシストが依拠していたのは、社会ダーウィニズムとそのフランス的変形であるラマルク主義、集団心理学、社会生物学、群衆科学、神話研究、であった。それらの考え方をすべてつき合わせることによって、ネイションの性格や(あるいは)人種について、一見すると科学的であるような議論がなされた。ネイションがもし不可避の凋落に向かう傾向に打ち勝ち、国際的な生きるか死ぬかの闘争に生き残らなければならないとすれば、そのネイションは内部的に力強く同質的でなければならない、という確信と、ここに挙げたような「科学」とが結びついていた。

ここにおいてファシストの思想は、芸術的な近代主義《モダニズム》によって彫琢されていた。それによれば、世界は暗い、脅威に満ちた場所であり、なにものもいっさい永遠ではなく、しかしにもかかわらず、芸術家の特殊な技術を通して意味を与えられ、飼いならされさえするかもしれない、そういう場所なのだ、と。

多くのファシストは、こうした考えを近代的と見なしたが、別の者は伝統への回帰とし、さらに別の者たちは、伝統と近代との和解的調和としたのである。われわれとしては、このくらいで止めておこう。ファシズムとは、伝統と近代性とか、あるいは急進的と反動的といったような、二項対立では容易に区分けが効かない、相互に関連しつつ対立もしているイデオロギーと実践との、一連の矛盾に満ちた総体にほかならないのである。

ファシズムと反ファシズム

本書の冒頭で私が指摘したポイントに、また戻ってきたようだ。もしわれわれにはファシズムの定義ができないなら、どうやってファシズムを見抜いてとらえ、それに対抗できるのか。もし、ある政党をファシストとして暴くことができないとすれば、われわれはそれを野放しにせざるを得ないのか。

はじめに指摘すべきは、道義と学問的な研究とを混同してはならない、ということである。道義上どのような位置をとるかということは、過去の研究から引き出されるものではない。研究者はファシズムの行動を、みずからが望むように、身の毛のよだつように描くこともできる。そして、そうしたファシズムの行動は、読者が著者の道義上の展望を共有するときにのみ、まさに犯罪と見なされるであろう。

いずれにしても、現代の極右の立場が「ファシスト」であるか否かという問題は、その極右による提案が道義的に受け容れ可能であるか否かとは関係がない。たとえば、ある国からの非白人の追放は、それが非ファシズム的な政府による仕業であれば、より受容可能なものとなるのであろうか。極右を、それがファシズムと似ているという点にのみ矮小化するとすれば、その極右の新たな点を見えなくする危険や、他者から道義上の悪であると見なされるような政策を主張したり実行したりするのがファシストのみではない、という可能性から、注意を逸らせてしまう危険も生じることになるであろう。

定義に過剰にこだわることからくる別の大きな問題は、まさに当事者たちを揺り動かしている次のような問題をめぐって、研究者にも立場の選択を迫るという点である。すなわち、誰がほんとうのファシストなのか、あるいはファシストだったのか、という問いに答えること、したがってまた、それをめぐる論争の片方の立場にもっともらしい正当化を与える、ということである。

しばしば活動家やジャーナリストは、自分たちの見解を学問的・客観的に支持してもらおうと期待して、なんらかの「政治的イデオロギー」の定義について学者に相談してくる。しかし学者といえども、誰が真のファシストであったかを決めるのに、他の人たち以上に資格があるわけではない。ただ学者にできることは、当事者たちがその用語をどのように使っていたか、人びとをどのように分類していたか、そのさまざまなあり方を説明し、日々の闘争においてそうした分類を彼らがどう使用したのか、そして結果はいかなるものであったのか、について説明することである。専門的な訓練のおかげで、学者には、そうした分野での特別な能力が備わっているのだ、と主張することは正当である。

しかし、誰がファシズムを真に代表する人物であったのか、といった問いについては、学者が独占的な地位を占めているわけではない。

政治社会学者のアニー・コロヴァルドが説明しているように、フランスの国民戦線が「ナショナル・ポピュリスト」というラベルをみずから採用したことは、ある危険な状態を強く示すものである。この「ナショナル・ポピュリスト」という分類は、国民戦線自身が作ったものではなく、フランスの大学制度において戦略的な地位を占めていて政府筋にも近い、そういう政治学者たちのグループによって考え出されたものであった。

それらの学者たちは、大統領が強い権限を持つ第五共和政に深く関わり、この体制においてこそ、(彼ら自身のような)有能な人びとによる強力な政府を民主主義と調和させるという国民の要求をついに実現したのだ、とみずから考えていた。彼らは、フランスの主流をなした政治でもファシズムが存在したことがある、という考え方を退けたが、それは、もしそれを認めたとするなら、彼ら自身による強い政府の選択をファシズムで汚しかねないからであった。

したがって彼らは国民戦線について、こう描いた。それは、グローバル時代における自分たちの困難に対する単純な回答を求める、社会の周縁部にいる教育程度の低い人びとからの、一時的な「ナショナル・ポピュリスト」的抗議にほかならないのである、と。庶民へのある種の軽蔑が表されていることは別にして、このような解釈は、現在の国民戦線指導部にいる高等教育を受けた専門的政治家たちに都合の良いように、機能することになっている。国民戦線はファシズムとは違う、声なき人びとを代表しているのだ、という主張には学問的な根拠がある、と彼らが断言できるようにしたからである。それはあたかも、ファシスト的でなければ人種差別も認められる、といっているようなものだ。

ただし、国民戦線にファシストというラベルを貼ることは、それはそれで問題であろう。それは、たしかに政党の信頼を失墜させる方法かもしれないが、しかし国民戦線の支持者たちは通常自分たちがファシストだとは思っていない以上、この運動はエリートによって侮蔑的に忘れ去られた真面目な人びとを代表しているのだ、という彼らの確信を、かえって強化してしまう危険を冒すことになるのである。

たしかに、立場の表明を拒否するのは学者としての義務の放棄だ、と考える人びとは、気持ちが収まらないであろう。かつて学者たちは、ファシズムの拡大に自分たちは関わらなかった、と主張するために、中立性を利用したのではなかったか。それは、否定しがたい事実である。しかし、それでも私としては、本書で概略を描いたようなファシズムへのアプローチは、道義的責任の放棄を意味するものではない、という主張を維持したいと考えている。鍵となるポイントは、学者といえどもみずからの知識について過剰な要求をすべきではないこと、そうではなく、自由で厳格な調査研究に必要な原則をしっかり守らなければならない、という点である。

事実、ファシズムの時代には、「科学的な」方法ゆえに学者たちには道義的な善に関わる特別な知識が与えられている、とする多くの学者たちの確信が存在した。まさにそれこそが、彼らが他者の生命に対して本人の同意なしにでも介入することを、可能にしたのであった。国益のためには誰が生き、誰が死ぬべきかという問題を医学は解決した、という信念が、ホロコーストへの医師たちの関与を許してしまった。

同じようにイタリア・ファシストは、国民国家の発展は科学的な事実である以上、その存続が国家政治の目的であらねばならない、と信じた。実際には、国民が「特質」を持っている、あるいは人種的起源が政治行動を決定づけている、とするような考え方は、ほんの限られた調査をしただけで崩れ去るような、単なる偏見にすぎなかった。ファシストの科学というのは、原理にまで祭り上げられた頑迷な信仰以上のものではなかったのである。

自己満足している余裕はないけれども、現代の学者たちは、歴史が科学的な法則によって規定されているとは、ふつう考えないし、まして、それらの法則に関する知識が道義上の基準を与えてくれるとは、まったく考えていない。現代の学者はみずからの仮説も他の学者仲間の仮説も、体系的な批判にかけて、そのうえで、つねにうまくいくとは限らないが、それらの研究には気づかない偏見が隠されてはいないだろうかと検討してみる。

正しい学問研究は、ファシストによって批判外であると見なされたものをも疑念をもって扱うという点で、本質的に反ファシズムである。学問的な調査研究は、みずからの洞察が一定の見通しのもとでなされたものであり、他の見通しも可能性があり、そこから出される回答は将来において取って代わられるものなのだ、ということを認める。このような必ずなされる相互批判は、民主的な環境においてのみ、なされうるものである。

それでもなお、次のように異論を立てることができるかもしれない。こうした学問研究の考え方は「象牙の塔」的な超然さを促すもので、世界が破綻しようとしている最中に、それとは無関係な知的問題を自己満足的に追究するのを正当化するものではないか、という異議である。

それに対する一つの答えは、こうである。学者たちが、学問研究の価値のために立ち上がり、それらの研究を民主主義の鍵になるものとして推進する、ということを期待しよう。また、ファシズムとの戦いにおいて最も実効性のあった手段はなんであったのか、それを見出すためにファシズムを研究することは、まったく正当であり、それは将来においてファシズムと戦う助けとなるだろう。

しかし、それでも注意は必要である。なぜなら、ファシズムの歴史だけでは反ファシズムの戦略は得られないからである。ファシズムは、抑えつけるにはきわめて硬いものであるがゆえに、それに反対するのに一つの手段だけでは、つねに有効とは限らない。たとえば、ファシストの諸組織を禁止することは、ときには有効であるが、ときにはそうではない。人種差別的なプロパガンダの禁止が、「言論の自由」の権利を行使する人びと(しかし他者に害悪を及ぼす場合には自由は制限される、という規則には違反している人びと)に対する共感を、妨げられるか促進してしまうかは、分からない。ときには、選挙における人種差別を抑えるための努力が、ファシストへの支持を減少させたこともあったが、別の場合には、そうした処置がファシズムを正当化してしまったこともあった。

明らかに、ファシズムの潜在的な支持者たちに対しては、彼らの問題を解決するためのより良い、もっと人間的な別の手段が、提示されなければならない。しかし、その別の手段がどうあるべきかについては、規則はない。

では、ファシズムについての問いを避ければ、現代の極右という難題を回避できるのであろうか。つまるところ、ファシズムへの対応は、過去において起こったことの学問的調査や、範疇への分類にかかっているわけではない。たしかに極右とファシストとは多くの共通点があるのではあるが、しかしファシストと規定したからといって、極右に対抗できるわけではない。むしろ、それが現在において代表している危険について、焦点を定めなければならない。実際、非ファシストのさまざまな運動が、民主的な規則に則って行動している団体も含めて、しかるべき価値を危機に陥れることもある、という点も認める必要がある。価値の問題は学者にだけ関わるものではなく、社会全体に関わっているのである。

訳者あとがき

一つ一つは日常にかかわる、たいしたこともなくみえる変化が集積して、ある日気がついたら多様性も認められない強権的な仕組みが辺りを覆い尽くす、そういうファシズム的な状況の再来に対する警戒を解いてはならない。おそらく、そういうことを言いたかったと思われるウンベルト・エーコの表現に対して、本書の第6章「灰から飛び立つ不死鳥か」の冒頭において著者パスモアは、ファシズムが普段着を着て再来するというのでは、なにをもってファシズムを見抜けば良いのかわからなくなる、と言って、エーコという偉大な学者に敬意を払いつつも批判している。

ここで、その当否を訳者である私がどうこう言うつもりはない。エーコは、この翻訳書が形を成しつつあった二〇一六年二月、惜しまれて他界した。直接に身をもってファシズムやナチズム、あるいはそれに類似した状況を体験し、そのような事態が再来してはならないと発言する世代が、一人また一人とこの世を去っていく。それは、人の命が永遠でない以上やむをえない。しかし、直接の体験ができようもない後続の世代は、記憶を伝承し、歴史をできるだけ正確にとらえようとする努力を忘れてはならないであろう。個の自由とデモクラシーが保障され、排他的にならずに相互の関係が多様に展開可能であるような世界を構築する、そういう価値実現の方向性を、おそらくは著者パスモアがもっているであろうことを記述の端々から感じるが、皆さんはどう読まれるであろうか。もちろん本書のような歴史的パースペクティヴに立った入門書では、それを理論的に主張することが問題なのではなくて、歴史的探究の基盤をなす姿勢として保持する、ということである。

「あらゆる悲惨の償いは忘却が代行する」というシニカルな表現を作家ミラン・クンデラがしていることを、私は別のところで教えてもらったが、もちろん彼の念頭にあったにちがいないスターリニズムのみならず、ファシズムについても、そう簡単に忘却の彼方に追いやるわけにはいかない。ファシズムないしファシストという表現が、エーコの生まれたイタリア本国だけでなくヨーロッパ各地を、そして世界のあちこちをも席巻した時代があった。それらが、人びとのあいだに大いなる魅了と反発とを喚起した時代が、そして悲惨な戦争を引き起こした時代が、それも今から一世紀もさかのぼらない前にあったのだ、ということは、忘れてしまってはならない。もちろん、おなじ時代に大日本帝国が陥った超国家主義やミリタリズムについても、忘れてならないことは、また然りである。歴史を研究し記述するということは、たえずそれぞれの現時点から歴史をとらえかえす、という知的作業にほかならないのだが、しかし現状に都合悪いものは忘却の彼方に押しやってしまえ、ということではない。

本書は、オックスフォード大学出版局から出されて定評ある「超短編入門書」シリーズ「ヴェーリーショートイントロダクション」の一冊として、二〇〇二年に第一版が刊行されたが、この訳書は、記述の方針も内容も大幅に改訂された二〇一四年刊行の第二版の翻訳である。訳者は第一版を見ていないが、第二版である本書における著者自身の記述によれば、第一版ではファシズムの「より正しい定義」を求めるという姿勢にこだわりすぎていた、という。しかし「ファシズムの多様性は大きいので、いかなる定義も、ぴったりこない事実にじきに遭遇することになる」がゆえに、本書では「真正の定義」争いにこだわるのではなく、歴史研究の基本的な立ち位置に戻って考えてみた、ということになろう。「AであるとともにAではない」と、謎解きのように題された第1章、とくにその章のまとめの部分で、著者本人が第一版への自省を含めてたいへん率直に述べているところである。

基本的な立ち位置とは、イタリアに限らずヨーロッパ各地で、戦間期にファシズムを自ら名乗り、あるいは反対者たちからファシストだと名指された人びとが、どのような思想や価値観のもとに、どのような行動をとって、政治や社会に作用しようとしていたのか、それらがどのような結果を実際にもたらしたのか、いわば同時代における歴史状況の脈絡に戻して推移や展開を問うてみる、という姿勢である。その場合に肝腎なことは、こうした点を一国の枠組みにおいて追究するのではなく、同時代のトランスナショナルな相互の関係性を注視しながらとらえていこう、としているところである。

こうした著者パスモアの基本的な立ち位置は、ナショナル・ヒストリーからトランスナショナル・ヒストリーへ、あるいはコネクテッド・ヒストリーへ、という昨今の歴史学の展開を踏まえている、と言い換えることも可能であろう。ファシズムをめぐる研究が、それだけ展開してきたということを反映してもいる。各国各地域におけるファシズムやファシスト運動に関する国別の歴史をただ寄せ集めるというのではなく、同時代におけるさまざまな形での宣伝・オルグや模倣、反発などを含む相互性、平たくいえば相互の影響関係についての目配りと記述は、この入門書の重要な特徴である。そして同時代における相互性への視点は、のちの時代を取り上げた議論にも生かされており、現代の極右的な諸運動を視野に置く、長いスパンにおいて採用されている。小型の入門書であるにもかかわらず、第一次世界大戦以前の一九世紀末における「急進右翼」の動向から現代の極右勢力までを視野において言及し、しかも具体的な記述のなかで要点を読み取りやすくまとめているところは、著者の構想力の大きさを示しているように思える。

ファシズムは、伝統的性格か近代的性格か、あるいは急進的ないし(擬似)革命的特徴か保守的ないし反動的特徴か、といったような、二項対立の一方に容易には区分しきれないような、相互に対立しつつ関連して絡み合っているイデオロギーと実践の、一連の矛盾に満ちた総体にほかならない。そのようにとらえるパスモアの記述は、ファシズムの運動面でも思想面でも、多様な要素が複雑に絡み合っていたことを、わかりやすく解きほぐしながら説明して、読む者に考えさせてくれる。なかでも、ファシズムとジェンダーの問題のように、入門的な本ではこれまで必ずしも十分には論じられてこなかったと思われる論点について、スペースを割いている点も特徴である。

より全般的には、社会文化史的な観点、あるいはインテレクチュアル・ヒストリーの観点が、全体の基礎をなしているようにも思える。たとえば、一九世紀末の科学技術が驚くほど進歩しはじめた時代に、社会ダーウィニズムや各種の人種論などの似《え》非《せ》科学的な言説がもった影響力、優生学とそれに基づく社会政策の主張など、あるいは「大衆の時代」の開始と群衆心理について論じたル・ボンの議論、ここで再論する必要はないが、多様な側面が当時の「急進右翼」の台頭といかに絡んでいたか、こうした諸点について、ファシズムの起源論や発生論に直結させようとする愚を批判して、適切に論点を開示してくれている。歴史研究の現時点に立てば当然といえばそれまでなのだが、必ずしもそうではない主張をする研究者もいることを考えれば、バランスのとれた記述となっているところは本書の優れた特徴であろう。

バランスという点では、ムッソリーニやヒトラーのような圧倒的リーダーだけでなく、運動の展開や体制の存続にとって、現場を担っていた活動家たちの重要性に着目すべきだという論点も、もっともである。イタリア・ファシズムにしてもドイツ・ナチズムにしても、全体主義的という表現が誤解を招くわけだが、そう単純に上意下達で一本のラインにまとまって意思統一や行動の統制が効いていたわけではまったくなかった。そのことが、現実の展開をより複雑に、矛盾をはらんだものにし、かつ過激にしていたという面を持っていたのである。

著者ケヴィン・パスモアは、ウェールズにあるカーディフ大学教授で、一九世紀末以降のフランス現代史を専門としている。同大学の公式サイトによれば、パスモアはウォリック大学で学士と博士の学位を取得している。ウォリック大学は、イギリスでも早くから伝統的な政治史の枠組みを批判した社会史研究で有名であったが、パスモアの歴史研究と記述の作法には、そうした基盤が影響しているのかもしれない。博士論文のテーマは「自由主義からファシズムへ。フランスの一地方における右翼、一九二八年から一九三九年」で、リヨンがあるローヌ県を対象としたものであった。フランスの右翼や極右の運動、ファシズムと女性といったテーマで研究奨励資金を得て研究を蓄積してきたが、現在ではひろくヨーロッパ現代を対象として、ナショナル・アイデンティティの形成という問題と、トランスナショナルなコンテクストとの複雑な関係のあり方を研究対象の核としているという。また、歴史理論や史学史にも関心を寄せているそうで、一九九〇年代末、とくに二一世紀に入ってから精力的に論文や書物を公にしていることが、サイトのデータに示されている。

なお翻訳にあたって、日本語としての読みやすさ、理解しやすさを優先して改行や一行あけを増やし、多岐にわたる内容の理解の足しになればと考え、適宜補注を挿入した。また、原書には年月日などの誤りや誤記が散見され、挿入されている地図にも意味不明な個所が含まれていた。それらは訳者の責任において修正した。一点だけ具体的に触れておきたい。本文九一頁、首相ヒトラーへの全権委任法を可決した票決での賛成票を、原書では四四四票としているが、四四一票に訂正した。ナチ・ドイツ研究の専門家芝健介氏のご教示によれば、この国会議場での公式発表は賛成四四一、反対九四だったのであるが、のちに投票総数がさらに三票多いことが判明し、いわば裏工作で公式議事録は賛成四四四とされたのである。この記録をもとに今でも四四四とされることもあるようで、ナチの専門研究者でないパスモアはこれをあげてしまった、ということであろう。本書では、議場での記録にも当時の新聞にも残されているという四四一票に、訳者の責任において修正した。

翻訳が完成するまでには、訳文の推敲や補注の必要個所など、さまざまな支援をいただいた杉田守康氏をはじめ岩波書店の編集や校閲スタッフの助力を得ており、共同作業であったことを感謝したい。

二〇一六年三月

福井憲彦

ケヴィン・パスモア(Kevin Passmore)
カーディフ大学教授．フランス現代史，ファシズム，歴史理論．
The Right in France from the Third Republic to Vichy(Oxford U. P.); *From Liberalism to Fascism: The Right in a French Province, 1928–1939*(Cambridge U. P.)ほか．

福井憲彦
1946年生まれ．学習院大学教授．フランス近現代史．
『ヨーロッパ近代の社会史』(岩波書店)，『歴史学入門』(岩波書店)，『近代ヨーロッパの覇権』(講談社)ほか．

ファシズムとは何か　ケヴィン・パスモア

2016年4月19日　第1刷発行

訳　者　福井憲彦《ふくいのりひこ》

発行者　岡本　厚

発行所　株式会社 岩波書店
〒101-8002 東京都千代田区一ツ橋2-5-5
電話案内 03-5210-4000
http://www.iwanami.co.jp/

印刷・三秀舎　製本・松岳社

ISBN 978-4-00-061123-7　Printed in Japan

索　引
（人名・主要組織名）

ア行

カ行

サ行

タ行

ナ行

ハ行

マ行

ヤ・ラ行

文献案内

Arendt, Hannah, *The Origins of Totalitarianism*（Harcourt, Brace & Co., 1951）〔ハナ・アーレント『全体主義の起原』全3巻，みすず書房．『1　反ユダヤ主義』大久保和郎訳，1972年．『2　帝国主義』大島通義・大島かおり訳，1972年．『3　全体主義』大久保和郎・大島かおり訳，1974年〕

Bauerkämper, Arnd, 'Transnational Fascism: Cross-Border Relations Between Regimes and Movements in Europe, 1922–1939', *East Central Europe* 37, no. 2–3（2010）: 214–246

Blinkhorn, Martin, *Fascism and the Right in Europe 1919–1945*（Longman, 2000）

Bosworth, R. J. B., *The Italian Dictatorship: Problems and Perspectives in the Interpretation of Mussolini and Fascism*（Arnold, 1998）

Bosworth, R. J. B., *Mussolini*（Arnold, 2002）

Bosworth, R. J. B.（ed.）, *The Oxford Handbook of Fascism*（Oxford University Press, 2009）

Burleigh, Michael and Wolfgang Wippermann, *The Racial State, Germany 1933–1945*（Cambridge University Press, 1993）〔M. バーリー／W. ヴィッパーマン『人種主義国家ドイツ　1933-45』柴田敬二訳，刀水書房，2001年〕

Burleigh, Michael, *The Third Reich: A New History*（Macmillan, 2000）

Collovald, Annie, 'Le "national-populisme" ou le fascisme disparu. Les historiens du «temps présent» et la question du déloyalisme politique contemporain', in Michel Dobry（ed.）, *Le mythe de l'allergie française au fascisme*（Albin Michel, 2003）

De Grand, Alexander, *Italian Fascism: Its Origins and Development*（University of Nebraska Press, 1982）

De Grazia, Victoria, *How Fascism Ruled Women: Italy, 1922–1945*（University of California Press, 1992）

Dobratz, Betty A. and Stephanie L. Shanks-Meile, *The White Separatist Movement in the United States: "White Power, White Pride!"*（Johns Hopkins University Press, 2000）

Dobry, Michel, 'On an Imaginary Fascism', in *France in the Era of Fascism: Essays*

on the French Authoritarian Right, edited by Brian Jenkins (Berghahn Books, 2007), 129–150
Durham, Martin, *The Christian Right, the Far Right and the Boundaries of American Conservatism* (Manchester University Press, 2000)
Eatwell, Roger, *Fascism: A History* (Vintage, 1996)
Eley, Geoff, *Nazism as Fascism* (Routledge, 2013)
Evans, Richard J., *The Coming of the Third Reich* (Allen Lane, 2003)
Evans, Richard J., *The Third Reich in Power, 1933–1939* (Penguin, 2012)
Fritzsche, Peter, *Germans into Nazis* (Harvard University Press, 1998)
Griffin, Roger, *The Nature of Fascism* (Pinter, 1991)
Griffin, Roger, *Modernism and Fascism: The Sense of a Beginning Under Mussolini and Hitler* (Palgrave, 2007)
Hancock, Eleanor, '"Only the real, the true, the masculine held its value": Ernst Röhm, masculinity, and male homosexuality', *Journal of the History of Sexuality*, 8:4 (1998), 616–641
Iordachi, Constantin, *Comparative Fascist Studies: New Perspectives* (Routledge, 2010)
Laclau, Ernesto, 'Fascism and Ideology' and 'Towards a Theory of Populism', in *Politics and Ideology in Marxist Theory: Capitalism, Fascism, Populism* (NLB, 1977)〔エルネスト・ラクラウ『資本主義・ファシズム・ポピュリズム――マルクス主義理論における政治とイデオロギー』横越英一監訳，柘植書房，1985 年〕
Kershaw, Ian, *Hitler*, 2 vols (Allen Lane, 1998–2000)
Koonz, Claudia, *Mothers in the Fatherland: Women, the Family, and Nazi Politics* (St Martin's Press, 1987)〔クローディア・クーンズ『父の国の母たち――女を軸にナチズムを読む』上・下，姫岡とし子監訳／翻訳工房「とも」訳，時事通信社，1990 年〕
Mosse, George L., *The Fascist Revolution: Toward a General Theory of Fascism* (Howard Fertig, 1999)
Passmore, Kevin (ed.), *Women, Gender and Fascism in Europe, 1919–1945* (Manchester University Press, 2003)
Paxton, Robert O., *The Anatomy of Fascism* (Penguin, 2004)〔ロバート・パクストン『ファシズムの解剖学』瀬戸岡紘訳，桜井書店，2008 年〕
Payne, Stanley G., *A History of Fascism, 1919–1945* (University of Wisconsin

Press, 1995)
Quine, Maria Sophia, *Population Politics in Twentieth-Century Europe*(Routledge, 1996)
Reichardt, Sven, *Faschistische Kampfbünde: Gewalt und Gemeinschaft im italienischen Squadrismus und in der deutschen SA*(Böhlau, 2002)

*

日本語文献案内

本書で提起されているようなファシズムをめぐる諸問題を，その歴史的文脈を踏まえながらさらに探究し，考えていこうとする際に，さしあたり手掛かりとなるような日本語文献をいくつか補足的に挙げておくことにしたい．ただしここでは，あくまで本書の記述を踏まえたうえで，探究と思考の糸口となる範囲におさえておくことにする．

というのも，ファシズムを歴史的に考えるといっても，たとえばその対象として，パスモアの本書からは外れている日本をも含めて考えるとすれば，20世紀前半の日本やアジアの歴史に関わる多方面の書物が挙がってくるであろう．あるいはまた，戦後日本でのドイツ現代史研究の層の厚さ，とりわけ数十年来のナチズム研究の蓄積を考えると，それだけで文献リストが一冊できるかもしれないほどの量となるのではないか，と思われるからである(以下，著者名敬称は省略)．

第一にあげるべきは，山口定『ファシズム』(岩波現代文庫，2006年)である．この文庫版の元になったのは，1979年に有斐閣選書から『ファシズム——その比較研究のために』と題して刊行されたものであるが，内容は，ファシズムの思想形成や運動，体制における国境を越えた相互連関など，パスモアによる本書の指摘のある部分を先取りするような目配りで議論が提示されている．初版刊行当時，私のような専門外の歴史研究者(の駆け出しであった者)にとっても学ぶところ大であったことを，今回の訳業をとおして思い出した．新しい岩波現代文庫版では，初版刊行以降の四半世紀にわたる研究動向が「新たな時代転換とファシズム研究」という補説として付されている．単行本だけでなく主要論文も含めて2005年までの日本語で読める基本文献リストも大量に補充さ

れていて，手掛かりとしてきわめて有益である．

パスモアが指摘している点のうち，欧米の多くの研究者も言及する戦間期ファシズム(およびナチズム)や極右勢力による反ボリシェヴィズムにかかわるところで，これも山口初版同様すこし旧聞に属するが，富永幸生・鹿毛達雄・下村由一・西川正雄『ファシズムとコミンテルン』(東京大学出版会，1978年)がある．近年ではこうしたテーマでの研究は多くはないように見受けられるが，戦間期のファシズムを問い直すにあたっての前提的な認識を与えてくれるこの種の書物は，やはり基本であろう．

「矛盾と逆説にみちみちた現象」としてのファシズムを歴史的に考察しようとする場合に，どのような視点からの立論があり得るであろうか，ということを論点整理した小論として，パスモアの本書と合わせてみると有益だと思われるのは，『岩波講座世界歴史24　解放の光と影』(1998年)に収載されている馬場康雄「歴史現象としてのファシズム――その定義をめぐる問題を中心に」である．

戦間期のイタリア・ファシズム，ドイツ・ナチズム，そしてそれらと連関する他の国々や地域における，多様な特徴を示しつつも同様の共通な性質をもった運動や体制について，それぞれがいかなる歴史的脈絡において登場してきたのか，それを丁寧にとらえかえす努力は基本であろう．そうした登場の背景ないし舞台をつかもうとすれば，その前提として広い視野からの概説的な知識や理解が必要となる．

国や地域を対象とした日本語で読める通史や概説は，近代日本の歴史および歴史学のあり方とも関係して，これまで英独仏の三国に偏って多いように思われるが，概括されている記述内容の範囲の広さや，付されている参考文献一覧の充実という点で，山川出版社から刊行されてきた「世界歴史大系」のシリーズと「新版　世界各国史」シリーズの関連する巻が，導入としてはふさわしい．たとえばドイツについては，「世界歴史大系」の『ドイツ史3(1890年～現在)』(1997年)がそれにあたり，本書と直接関連する部分は木村靖二と芝健介という専門家の手になる記述である．イタリアについては，「大系」は未刊であるので，「新版　世界各国史」の北原敦編『イタリア史』(2008年)が基本となるであろう．この「各国史」シリーズでは，それぞれ川北稔，木村靖二，福井憲彦が編者となっている英独仏三国の各国史以外にも，南塚信吾編『ドナウ・ヨーロッパ史』がオーストリアやハンガリー，チェコを扱っており，柴宜弘編『バルカン史』がルーマニアやブルガリアを含み，伊東孝之ほか編『ポーランド・ウクライナ・バルト史』や立石博高編『スペイン・ポルトガル史』も，

本書の内容と関連するところを含む．前提的な知識を得るのに，あるいは参照手段として，便利である．

それぞれの現地言語をも用いて本格的に学び，あるいは研究を始めてみたい者にとっては，研究入門書が手っ取り早く便利である．最近出されて注目される関連書を一つ挙げるとすれば，木村靖二・千葉敏之・西山暁義編『ドイツ史研究入門』(山川出版社，2014 年)における研究史と研究現状の説明，そして文献案内が，われわれ専門外から参照したい場合にも，きわめて充実していてありがたい．

一連のファシズム現象のなかでもナチ・ドイツに関する研究は，翻訳書も含めて日本ではきわめて層が厚い．すでに指摘した通りである．ナチが台頭していった過程や強権的支配，あるいは戦争への動員やホロコーストをめぐる歴史研究だけでなく，ナチ支配下で一般の民衆はナチにどのように対応し，いかなる生活を送っていたのであろうか，という点でも，研究は進んでいる．村瀬興雄『ナチス統治下の民衆生活――その建前と現実』(東京大学出版会，1983 年)を嚆矢として，とくに山本秀行『ナチズムの記憶――日常生活からみた第三帝国』(山川出版社，1995 年)を経て，研究が多方面に展開していることは，一例を挙げれば川越修・矢野久編『ナチズムのなかの 20 世紀』(柏書房，2002 年)に寄せられた諸論考などからも，了解されるところである．その後も，小野清美『アウトバーンとナチズム――景観エコロジーの誕生』(ミネルヴァ書房，2013 年)に至るまで，多様なアプローチから多くの成果が生産されていることは，上記の『ドイツ史研究入門』の文献リストからも分かるところである．

ここでは，一般に取りつきやすいという点で，最近の新書から幾つかだけを手掛かりとして挙げておきたい．

石田勇治『ヒトラーとナチ・ドイツ』(講談社現代新書，2015 年)は，ヴァイマル憲法下の議会制度のなかでヒトラーがいかにして首相として任命され，さらにとてつもない権力を手にしえたのか，その展開を当時のドイツの政治状況に即して解きほぐして理解させてくれる．それは，たしかに諸条件が重なりあった例外的状況ではあったが，しかし議会制民主主義が形式化していった場合には，他国でも他の状況下でも起こりえないことではないという恐ろしさを，あらためて認識させてくれる．同書には，主に 1990 年代以降に公刊された文献を中心とした参考文献図書案内が付されている．

芝健介『ホロコースト――ナチスによるユダヤ人大量殺戮の全貌』(中公新書，2008 年)では，専門家として多くのナチ関連の研究書，翻訳書を公刊して研究を牽引してきた著者が，非専門家でも分かるように，何故にいかにしてこの恐

ろしい殺人事業が機能することになってしまったのかを説明してくれている．この新書にも参考文献一覧が付されており，欧文文献の翻訳書もこのところ相当数が出されてきたことがわかる．ファシズム関連の翻訳書についても，やはりナチ・ドイツにかかわるものが多いように思われるが，なかにはヴォルフガング・シヴェルブシュによる次のような本は，一国を超えた同時代的歴史状況を重視している点で，パスモアとも共通する観点に立っているように思われる．一つは(福本義憲ほか訳)『敗北の文化——敗戦トラウマ・回復・再生』(法政大学出版局，2007年)であり，いま一つは(小野清美・原田一美訳)『三つの新体制——ファシズム，ナチズム，ニューディール』(名古屋大学出版会，2015年)である．

新書に戻ると，リチャード・ベッセル(大山晶訳)『ナチスの戦争 1918-1949——民族と人種の戦い』(中公新書，2015年)がナチによる戦争の要点をとらえるのに助けとなるが，これには，新書としては珍しいことと思うが，主要参考文献に加えて，原著に付されている詳しい文献注が略さず収録されている．

ヒトラーをめぐっては新書だけでもかなりの冊数があると思われるが，ここでは，記録映像などでも見聞できる彼の演説が，どのようにして人びとを惹きつけたのかに着目した高田博行『ヒトラー演説——熱狂の真実』(中公新書，2014年)を挙げておく．歴史家ではなく，ドイツ語の言語学的研究を専門とする著者が，演説内容はもとより音声による抑揚などを含めて演説の手法を分析した，興味深い内容である．

また，ファシズムと知識人との関係をめぐっては，矢野久美子『ハンナ・アーレント——「戦争の世紀」を生きた政治哲学者』(中公新書，2014年)が，アーレントという稀代の思想家の生き様を核として多くを考えさせてくれるであろうし，フランスの場合については，これは大部の本となるがミシェル・ヴィノック(塚原史ほか訳)『知識人の時代——バレス／ジッド／サルトル』(紀伊国屋書店，2007年)および同(川上勉・中谷猛監訳)『ナショナリズム・反ユダヤ主義・ファシズム』(藤原書店，1995年)を挙げておこう．また，フランスのファシズムや，ナチ・ドイツ占領下のユダヤ人迫害を含むヴィシー政府時代については，渡辺和行『ホロコーストのフランス——歴史と記憶』(人文書院，1998年)をはじめ一連の渡辺和行による仕事や，深澤民司『フランスにおけるファシズムの形成——ブーランジスムからフェソーまで』(岩波書店，1999年)，最近では南祐三『ナチス・ドイツとフランス右翼——パリの週刊紙『ジュ・スィ・パルトゥ』によるコラボラシオン』(彩流社，2015年)などを指摘することができる．

ファシズムという語を生み出したイタリアの場合については，それを対象化するための研究視点のあり方を含めて，北原敦『イタリア現代史研究』(岩波書店，2002年)に学ぶところは大きい．また，セルジョ・ルッツァット(堤康徳訳)『反ファシズムの危機――現代イタリアの修正主義』(岩波書店，2006年)が，日本を含めた他の諸国にも通底するいわゆる「歴史修正主義」の問題をめぐって，戦後ネオ・ファシストによるイタリア社会運動から国民同盟を経て「ベルルスコーニ現象」に至るまでの過程を対象化して論じ，考えさせるところ大であろう．これは，パスモアの本書で扱われている現代右翼の台頭という現象への対峙の仕方ともかかわってくる論点で，イタリアのみならず，あるいはまたヨーロッパのみならず，見通しの明るくない現在を生きているわれわれすべてにとって，共通に考えなければならないことがらが論じられている点を指摘しておきたいと思う．

また，ファシズムを政治思想やイデオロギーの問題，あるいは人びとの世界観にかかわる問題としてとらえようとする場合，近代が生み出した難題であるナショナリズムとの関係，あるいはそれから延長してシオニズムとの関係もまた問題となりうる．これらをめぐっては，それはそれで多くの文献がまた挙げられよう．ここではオリヴァー・ジマー(福井憲彦訳)『ナショナリズム 1890-1940』(岩波書店，2009年)の第3章「ネイション帰属の境界線――ナショナリズムと少数派問題」と第4章「粗暴化した故国ナショナリズム――ナショナリズムとファシズム」，またレニ・ブレンナー(芝健介訳)『ファシズム時代のシオニズム』(法政大学出版局，2001年)を手掛かりとして挙げておく．それらを読むと，ナショナリズムとファシズムとの関係も，またナチ・ドイツをはじめヨーロッパ各地で指摘できる反ユダヤ主義とシオニズムをめぐる問題域も，とらえるのがたいへん入り組んで単純ならざることを出発点としなければならないと教えられるはずである．

以上挙げてきた日本語で読める文献は，この問題の専門研究者ではない訳者が読んだ範囲からの一部の選択，というバイアスがかかっているが，これらの本には，とくに指摘したもの以外でもほぼすべてに参考文献や関連文献の一覧，あるいは文献注がついている．それらをみずから参照してみることを，是非とも勧めておきたい．

図版出典一覧

図 1（39 頁）	© Mary Evans Picture Library
図 2（77 頁）	© AKG London
図 3（91 頁）	© Hulton Archive/Getty Images
図 4（108 頁）	© Hulton Archive/Getty Images
図 5（115 頁）	© AKG London
図 6（123 頁）	© AKG London
図 7（177 頁）	© German Propaganda Archive, Calvin College, Michigan
図 8（179 頁）	© AKG London
図 9（201 頁）	© Hulton Archive/Getty Images
図 10（203 頁）	© AKG London
図 11（221 頁）	© Mary Evans Picture Library
図 12（225 頁）	© AKG London